UMBRALES DE DIGNIDAD:
LOS DERECHOS SOCIOECONÓMICOS EN TIEMPOS DE CRISIS ECOSOCIAL

UMBRALES DE DIGNIDAD:

LOS DERECHOS SOCIOECONÓMICOS EN TIEMPOS DE CRISIS ECOSOCIAL

Coordinadores:

Ana García Juanatey

CEI International Affairs,
Centro Adscrito Universitat de Barcelona

Karlos Castilla Juárez

Institut de Drets Humans de Catalunya

COLEX 2024

Financiado por:

Agència Catalana de Cooperació al Desenvolupament

Generalitat de Catalunya

Coordinado por:

idhc Institut de Drets Humans de Catalunya

Esta publicación forma parte del proyecto «Los Derechos Humanos como herramientas para la acción climática y la justicia ambiental», del Institut de Drets Humans de Catalunya (IDHC) y financiado por la *Agència Catalana de Cooperació al Desenvolupament.*

El contenido de esta publicación es responsabilidad exclusiva de sus autores y autoras y no refleja necesariamente la opinión de la *Agència Catalana de Cooperació al Desenvolupament.*

© Editorial Colex, S.L.
Calle Costa Rica, número 5, 3.º B (local comercial)
A Coruña, C.P. 15004
info@colex.es
www.colex.es

I.S.B.N.: 978-84-1194-624-7
Depósito legal: C 1567-2024

Sumario

Introducción

Ana García Juanatey y Karlos Castilla Juárez

PARTE I

EL ACCESO A LA ENERGÍA COMO BASE PARA ALCANZAR UN NIVEL DE VIDA ADECUADO

CAPÍTULO 1
La energía como derecho: definiendo el umbral energético mínimo

Didac Amat i Puigsech

CAPÍTULO 2
Umbrales de dignidad energética

Luis González Reyes y Charo Morán Cuadrado

PARTE II

EL DERECHO AL AGUA EN UN CONTEXTO DE SEQUÍA. PRIORIZACIÓN DE USOS Y UNA ÉTICA DE LAS RESTRICCIONES

CAPÍTULO 3
El derecho humano al agua: estatuto jurídico, reconocimiento normativo y mecanismos para garantizar su asequibilidad

Iván Rodríguez Florido

CAPÍTULO 4
El derecho humano al agua ante la emergencia climática: de la seguridad hídrica mercantilista y excluyente a la soberanía hídrica público-comunitarista

Isabel Vilaseca Boixareu

PARTE III

EL DERECHO A ESTAR LIBRE DE HAMBRE EN UN PLANETA EXTRALIMITADO: CONSTRUYENDO SISTEMAS ALIMENTARIOS JUSTOS Y RESILIENTES

CAPÍTULO 5
Hacia una mayor protección del derecho a la alimentación: una exigencia ineludible en la actualidad

Miguel Ángel Martin López

CAPÍTULO 6
Avanzamos en el derecho a la alimentación: construyendo sistemas alimentarios más sanos, sostenibles y justos desde la soberanía alimentaria

Ana Pardo López

PARTE IV

EL DERECHO A LA VIVIENDA EN CRISIS: ASEQUIBILIDAD Y REDUCCIÓN DE IMPACTOS AMBIENTALES

CAPÍTULO 7
Derecho a la vivienda y cambio climático: estatuto jurídico, reconocimiento normativo y mecanismos para garantizar su asequibilidad

Irene Escorihuela Blasco

CAPÍTULO 8
Las políticas de vivienda en un contexto de emergencia climática y social

Paula Martí Comas

Consideraciones finales

Ana García Juanatey y Karlos Castilla Juárez

Introducción

El objetivo de esta publicación es reunir algunas reflexiones en torno al papel que pueden desempeñar los derechos socioeconómicos y ambientales —en particular los derivados del derecho a un nivel de vida adecuado[1]— en un contexto de crisis ecosocial, caracterizado principalmente por un aumento incesante de la desigualdad y por la superación de varios límites planetarios. Ante esta situación, parece urgente reafirmar la necesidad de defender unos umbrales mínimos de satisfacción de los mencionados derechos para toda persona en cuatro ámbitos de vital importancia —la energía, el agua, la alimentación y la vivienda— desde una perspectiva basada en la suficiencia. Igualmente, en un planeta extralimitado, es preciso ir más allá de exigir la satisfacción de estos umbrales mínimos y abrir el debate sobre la relación entre el disfrute de los derechos humanos y la desigualdad, tanto económica como en relación al uso de los recursos naturales, un aspecto que ha sido en buena medida soslayado por una mayoría de los movimientos de derechos humanos en las últimas décadas, y que adquiere especial relevancia en el momento actual.

El contexto: una crisis ecosocial sin precedentes

En el momento presente, al inicio del verano del año 2024, es incuestionable ya que las sociedades humanas

1 Reconocido en el artículo 25 de la Declaración Universal de los Derechos Humanos (DUDH) y en el artículo 11 del Pacto Internacional de Derechos Económicos, Sociales y Culturales (PIDESC)

afrontan una crisis ecosocial sin precedentes. Antropoceno, Capitaloceno, Basuroceno[2]: nos sobran los conceptos que pretenden capturar la esencia de la era actual, caracterizada por un uso desmedido y creciente de fuentes de energía fósil y de recursos naturales. Este modelo de consumo voraz de energía y materiales basado en la idea de un crecimiento infinito no solo empuja los límites planetarios más allá de nuestro espacio de desarrollo seguro, sino que, paradójicamente, genera también una creciente desigualdad entre las personas.

En primer lugar, en relación al consumo de energía y materiales, lo cierto es que, a pesar de toda la retórica sobre la transición energética, un simple vistazo a los datos de consumo de energía global muestra que no existe tal transición. El diagnóstico que arrojan los datos es que cada año consumimos más energía fósil, y que la inversión en renovables en diferentes partes del planeta no ha llevado a una sustitución real en el uso de fuentes de energía[3]. Es decir, lo que estamos haciendo es simplemente consumir más energía, de todo tipo, ya que las fuentes renovables se suman a las procedentes de recursos fósiles. Eso explica por qué, a pesar de todas las Cumbres por el Clima realizadas hasta el momento, las emisiones de CO_2 siguen creciendo[4].

En segundo lugar, la consecuencia de esta voracidad es la superación de varios límites planetarios, un proceso autogenerado que está empujando a nuestra especie fuera de los umbrales seguros de desarrollo. En efecto, ya desde los años 70, se viene llamando la atención sobre los peligros del modelo económico imperante, basado en un desarrollo económico exponencial que consume más recursos y genera más residuos de los que el planeta puede regenerar.

---

2 Traducción propia del concepto central del libro de ARMIERO, M., *Wasteocene: Stories from the global dump,* Cambridge University Press, 2021.

3 YORK R. y BELL S. E., "Energy transitions or additions?: Why a transition from fossil fuels requires more than the growth of renewable energy", *Energy Research & Social Science,* vol. 51, 2019, págs. 40-43.

4 Véase: https://ourworldindata.org/co2-emissions

La última de las publicaciones sobre las fronteras o límites planetarios (*planetary boundaries*, en inglés) establece que hemos superado ya al menos seis de ellas: la introducción en la biosfera de productos químicos sintéticos, la pérdida de biodiversidad, el uso de nitrógeno, el cambio climático, la deforestación y el agotamiento del agua dulce[5]. Este paradigma de las fronteras planetarias nos indica, por tanto, que estamos en una situación catastrófica y, en buena medida, irreversible, aunque todavía tenemos algo de margen para, al menos, no empeorarla si conseguimos cambiar radicalmente de rumbo. No obstante, al mismo tiempo, nos dice poco sobre cómo mantenernos dentro de los límites y no se precisa cómo responder a la cuestión política fundamental de cómo garantizar un acceso justo y equitativo a los recursos naturales, teniendo en cuenta también a las generaciones futuras en todo el mundo y no solo en el llamado norte global.

La tercera característica definitoria del momento actual tiene que ver, precisamente, con esta cuestión, ya que trata de la desigualdad económica creciente[6] —que se suma a una desigualdad de género, edad, racial y otras de carácter estructural— y se manifiesta en particular en las diferencias en el acceso a la energía y a los recursos naturales y a la correspondiente responsabilidad diferencial de los diferentes grupos humanos en relación a la degradación ambiental y el cambio climático. En relación a esta última, según Oxfam-Intermón, el 1 % más rico emite tanto CO_2 como los dos tercios más pobres de la humanidad[7]. Asimismo, las personas más vulnerabilizadas suelen sufrir más intensamente los impactos, tanto del cambio climático, como de las políticas puestas en marcha de mitigación y adaptación, entre otras cosas por la conversión de los espacios donde viven

5 RICHARDSON K. *et al.*, "Earth beyond six of nine planetary boundaries", *Science advances*, vol. 9, núm. 37, 2023.

6 HICKEL J., "Is global inequality getting better or worse? A critique of the World Bank's convergence narrative", *Third World Quarterly*, vol. 38, núm. 10, 2017, págs. 2208-2222.

7 Véase: https://makerichpolluterspay.org/climate-equality-report/

en zonas de sacrificio, a veces destinadas a la extracción de materiales para la llamada transición verde[8].

Ante este contexto, este libro pretende vincular los debates sobre los límites planetarios con el imperativo de asegurar la garantía de las necesidades básicas de todas las personas, y se interroga sobre la función que los derechos humanos pueden desempeñar en ese proceso. Por un lado, en el momento actual, los derechos civiles y políticos son probablemente más importantes que nunca, ya que son herramientas fundamentales para denunciar la situación de degradación ambiental, acceder a información, participar y defender los medios de vida de las personas, en particular las más vulnerabilizadas. Pero, por otro lado, en esta publicación nos centramos en el rol de los que son siempre los grandes olvidados: los derechos económicos, sociales y culturales. La idea central es que estos derechos aportan un concepto muy útil en el contexto actual, el de umbrales mínimos (núcleo mínimo inderogable y no regresivo), que debe ser, no obstante, repensado y complementando con otros enfoques, en particular el basado en la no discriminación, la interseccionalidad y la justicia redistributiva.

Los derechos económicos y sociales: un enfoque basado en la suficiencia y la perspectiva interseccional

En el contexto de esta publicación, el concepto de umbrales se refiere específicamente a los estándares universales mínimos, pretendidamente inderogables y no regresivos, establecidos para los derechos económicos, sociales, culturales y ambientales (DESCA). En el derecho internacional de los derechos humanos, estos umbrales suelen definirse como el «nivel mínimo esencial» de cada derecho. Su utilidad se basa en que permite establecer un parámetro mínimo de satisfacción de

8 Zografos C. y Robbins P., "Green sacrifice zones, or why a green new deal cannot ignore the cost shifts of just transitions", *One Earth*, vol. 3, núm. 5, 2020, págs. 543-546.

necesidades básicas, como el agua, la alimentación y el cobijo, formuladas en términos de derechos exigibles. Para cumplir con sus obligaciones internacionales, los Estados deberían dirigir sus políticas a garantizar estos mínimos.

Sin embargo, es importante tener muy presente que todos los derechos humanos han sido reconocidos y puestos en práctica en un mundo ajeno a los problemas ambientales y con profundas desigualdades históricas, por lo que su sola existencia jurídica ha resultado insuficiente para mejorar la situación en la que viven muchas personas. Por un lado, no podemos perder de vista el hecho de que los derechos humanos fueron conceptualizados y codificados en un contexto caracterizado por la percepción de abundancia de fuentes de energía, así como por una clara ceguera hacia los problemas ambientales[9]. Por otro lado, siendo los derechos humanos una aspiración, no toda persona parte de la misma base pues muchas enfrentan exclusión, opresión y desventaja. Sobre esto, es un hecho empírico que el desarrollo de estos derechos desde la firma del Pacto Internacional de Derechos Económicos, Sociales y Culturales (PIDESC) del año 1966 ha estado acompañado de un aumento enorme de la desigualdad global. Sobre este hecho, Philip Alston señaló en el año 2015 que «la desigualdad extrema debería ser una causa de vergüenza para el movimiento internacional de los derechos humanos»[10], refiriéndose a la falta de atención que dicho movimiento había prestado a este tema.

Esta cuestión no es baladí, ya que la satisfacción de estos derechos, dependiendo de donde situemos el umbral mínimo y de cuáles son las aspiraciones relativas al nivel

---

9 García Juanatey A., Steible B. y Volpi L., "The right to a decent standard of living: a practical tool to guarantee basic needs at the end of the fossil fuel era", en Daniel Iglesias, Beatriz Felipe y Clara Esteve, *Legal Challenges and the end of the fossil fuel era. Shaping a just and clean energy transition*, Palgrave Macmillan, 2024.

10 Alston P. , "Extreme inequality as the antithesis of human rights", 27 de octubre de 2015, Opendemocracy.net. Citado por Moyn, S., "Sufficiency, equality, and human rights", *Oxford Handbook of Economic and Social Rights*, 2021, pág. 1.

máximo, podría generar enormes impactos ambientales[11]. Por tanto, garantizar las necesidades básicas dentro de las fronteras planetarias impone un «imperativo de redistribución»[12], del que deben hacerse eco también los movimientos por los derechos humanos. En palabras de Jason Hickel: si queremos mejorar los ingresos de las personas pobres —lo que es fundamental para garantizar sus derechos humanos— y queremos hacerlo sin seguir violando sus derechos a través del caos ecológico y climático, debemos hacerlo redistribuyendo la riqueza de manera más justa[13].

Además, frente a todo esto no podemos perder de vista que la intersección de género con raza, clase, etnia, sexualidad, identidad indígena, edad, discapacidad, ingresos, la condición de migrante y la ubicación geográfica a menudo agravan la vulnerabilidad a los impactos del cambio climático, al exacerbar la inequidad y crear más injusticia. Por tanto, las respuestas ante el cambio climático no pueden ser uniformes, ya que los riesgos varían a pequeña escala entre las comunidades y sociedades y también entre las personas dentro de las sociedades, dependiendo, por ejemplo, de las desigualdades que se entrecruzan y de factores específicos del contexto, como la cultura, el género, la religión, la discapacidad o el origen étnico. Así, es muy relevante tener presente en todos estos análisis que la perspectiva interseccional es una oportunidad para entender con mayor amplitud los efectos que puede generar el cambio climático en todos los seres humanos y no a partir de un modelo global uniforme[14].

---

11 Aylwin V., Betroni S. y Castilla K., *Impactos del cambio climático en los derechos humanos, Institut de Drets Humans de Catalunya,* 2023.

12 *Ibid.*

13 Hickel J. "The Imperative of Redistribution in an Age of Ecological Overshoot: Human Rights and Global Inequality", *Humanity: An International Journal of Human Rights,* vol. 10, núm. 3, 2019.

14 Castilla K., "Cambio climático e interseccionalidad", en *Papeles El tiempo de los Derechos*, núm. 23, 2022.

Sobre esto, entre los derechos socioeconómicos, hay uno que por sus impactos asociados interpela de manera mucho más directa a estas problemáticas y dilemas: el derecho a un nivel de vida adecuado.

El derecho a un nivel de vida adecuado y sus derechos derivados

Reconocido en el artículo 25 de la DUDH y en el artículo 11 del PIDESC, este derecho abarca la mejora continua de las condiciones de vida, incluyendo derechos sustantivos como el derecho a una vivienda, el derecho a la alimentación, el derecho al agua y el derecho a la seguridad social. Además, este derecho se incluye en instrumentos regionales, en particular la Carta Social Europea, la Carta de los Derechos Fundamentales de la UE a nivel europeo y el Protocolo de San Salvador a nivel interamericano.

En el contexto actual, la garantía de este derecho está vinculada al modelo voraz de consumo de recursos y energía antes descrito[15]. En este sentido, dependiendo de donde coloquemos el estándar mínimo, cumplir con el derecho humano a un nivel de vida adecuado de ocho millones de personas sin superar ulteriormente los límites del planeta puede ser una misión difícil de cumplir, sobre todo si no limitamos la acumulación de riqueza. Por ejemplo, si nos centramos solo en el acceso a la energía de las generaciones actualmente vivas, es un hecho que una buena parte de los habitantes del planeta necesita aumentar todavía mucho su consumo para satisfacer sus necesidades básicas[16]; no obstante, si se aumenta este consumo sin reducir significativamente el de otras personas, sería difícil revertir la superación de fron-

15 García Juanatey, A., Steible, B. y Volpi, L., *op. cit.*

16 Por ejemplo, Vaclav Smil destaca que alrededor de 3.100 millones de personas deben al menos duplicar (preferiblemente triplicar) el uso de energía per cápita para tener un «nivel de vida digno», esencial para impulsar la producción de alimentos y construir la infraestructura. SMIL V., *How the world really works: A scientist's guide to our past, present and future,* Penguin UK, 2022, pág. 5.

teras planetarias que ya observamos en la actualidad, en particular la relativa al cambio climático. Sobre esto, puede ser particularmente problemático el derecho a «la mejora continua de las condiciones de vida» como parte integral del derecho a un nivel de vida adecuado, ya que, dependiendo de cómo se interprete —por ejemplo como un estándar siempre en aumento— podría colisionar con los límites ambientales.

Por supuesto, el elefante en la habitación de este debate es la noción de umbrales máximos, es decir, la imposición de límites al consumo de productos y actividades con gran impacto ambiental, un horizonte todavía lejano en el contexto político actual. Pero, aún sin entrar en esa peliaguda cuestión, es indudable que al abordar el tema de satisfacer umbrales mínimos en un planeta sobrepasado, esto tiene una incuestionable dimensión redistributiva, en particular en la relación norte-sur. Sobre esto, es un hecho que los estilos de vida de la mayoría de las personas que viven en el norte global —junto con los de las clases más adineradas de los países del sur global— están vinculados a una gran voracidad energética y de recursos materiales y, por tanto, a una mayor huella de carbono. Reducir este consumo —y en particular las demandas de energía y materiales— es crucial para lograr reducir las emisiones y evitar los peores efectos del cambio climático. Por ello, en el marco de los debates sobre dónde situar el umbral de suficiencia en el norte global, esta idea de «nivel mínimo esencial» para garantizar los derechos humanos permite la operacionalización de ese concepto en algunos ámbitos esenciales como el acceso a la energía, al agua, a la alimentación y a la vivienda. Por otro lado, en el sur global, la utilidad de esta consideración de derechos como umbrales es aún mayor: nos permite «aterrizar» los Objetivos de Desarrollo Sostenible (ODS) y centrar los esfuerzos de desarrollo en garantizar esos niveles mínimos.

En definitiva, en el momento actual es clave reflexionar sobre qué consideramos como un nivel de vida adecuado de cara a establecer unos umbrales mínimos de los DESCA (derechos a la alimentación, al agua, a la vivienda...) para garantizar la dignidad de todas las personas en el norte y el sur global.

Explorando los estándares mínimos en cuatro ámbitos clave

Para ilustrar estos debates, esta publicación recoge ocho artículos que derivan de las ponencias realizadas en el marco del ciclo de cuatro diálogos titulado «Umbrales de dignidad: Explorando los estándares mínimos de los Derechos Económicos, Sociales y Culturales en un contexto de crisis ecosocial», organizado por el Instituto de Derechos Humanos de Cataluña (IDHC) y celebrados entre el 15 de mayo y el 5 de junio de 2024 en Barcelona. El objetivo de estas sesiones era plantear un diálogo entre juristas y personas expertas en políticas sectoriales para lanzar propuestas, basadas en la garantía de unos umbrales mínimos de protección de derechos, que respondan también a los retos actuales en el plano ambiental. Cada uno de estos cuatro diálogos se centró, por tanto, en uno de los ámbitos identificados —la energía, el agua, la alimentación y la vivienda— y contó con dos ponencias, una que exploraba los estándares jurídicos de derechos humanos establecidos en cada caso y otra en la que se proponían políticas concretas para lograr cumplir esos estándares reduciendo los impactos ambientales asociados. Las propuestas planteadas estaban pensadas para el caso concreto del Estado español, pero pueden ponerse en marcha también en otros contextos similares.

En relación a las cuestiones planteadas previamente, esperamos que la idea de umbrales o nivel esencial mínimo nos ayude a reflexionar sobre cuestiones políticas fundamentales alrededor de estos cuatro ámbitos. En particular, algunas de las preguntas planteadas serían las siguientes: *¿cómo podemos descarbonizar el derecho a un nivel de vida adecuado? ¿Cuánta energía realmente necesitamos para satisfacer este derecho y, por tanto, para garantizar nuestra suficiencia en relación al agua, la alimentación y la vivienda? ¿Son universalizables los estándares establecidos para cada derecho en los niveles regional y nacional? ¿Qué implicaciones tienen estos estándares en términos de justicia intergeneracional?*

Así, para avanzar en las reflexiones sobre estas complejas cuestiones, a continuación se presentan ocho capítulos, estructurados en cuatro partes: energía, agua, alimentación y vivienda. Cada una de estas partes está configurada por dos capítulos, uno centrado en los estándares jurídicos en cada ámbito y otro que plantea propuestas y políticas públicas para alcanzarlos. Se presentan por tanto un conjunto de análisis, diagnósticos y conclusiones desarrollados por personas expertas en cada ámbito que, más que dar respuestas definitivas a las cuestiones planteadas, pretenden explorar la relevancia fundamental de los derechos humanos antes los debates y dilemas que se nos plantean en este contexto de crisis ecosocial.

PARTE I

EL ACCESO A LA ENERGÍA COMO BASE PARA ALCANZAR UN NIVEL DE VIDA ADECUADO

CAPÍTULO 1
La energía como derecho: definiendo el umbral energético mínimo

Didac Amat i Puigsech
Doctorando en Derecho internacional climático por la Universitat Pompeu Fabra

1. La energía como (una) fuerza motriz del mundo

Si el lector piensa en las últimas 24 horas de su vida, rápidamente se dará cuenta de que no ha hecho absolutamente ninguna acción sin consumir alguna fuente de energía. La mera respiración o el bombeo de sangre que mantienen vivas nuestras células requieren de la energía metabólica que obtenemos de los alimentos. De igual manera, utilizar un móvil, calentar una vivienda en invierno o utilizar el transporte público requieren la generación, transporte y distribución de diferentes formas de energía.

Como apunta Vaclav Smil, la energía, su transformación y su consumo son elementos clave para comprender el desarrollo histórico de la humanidad. Muchas de las grandes transformaciones que explican nuestras sociedades tienen su base en desarrollos tecnológicos que permitieron mayores aprovechamientos energéticos o consumos energéticos más eficientes. Sin ir más lejos, las máquinas de vapor de principios del s. XIX ya trabajaban con potencias superiores a 20 kW, quintuplicando las de los molinos hidráulicos de la época[1]. De hecho, todavía hoy existe una correlación directa entre el PIB per cápita y el consumo de energía por habitante[2].

Sin embargo, si la energía mueve el mundo, es evidente que su escasez también puede pararlo o, al menos, modificarlo. En el marco de la inflación energética provocada por la invasión rusa de Ucrania, por ejemplo, las empresas electrointensivas se vieron obligadas a disminuir temporalmente la producción[3]. Del mismo modo, en el año 2021, un tercio de la población mundial no tenía acceso a fuentes de energía limpias para cocinar o calentarse, impactando directamente sobre su salud y sus expectativas de progreso social[4]. Si la gestión de estas situaciones de escasez ya es de por sí problemática, la mitigación de la grave crisis climática exige además una drástica reducción en el uso de combustibles fósiles[5].

En este contexto, este artículo se pregunta en qué medida existe un derecho humano a la energía y, si existe, cuál es el umbral energético mínimo al que tienen derecho los ciudadanos y ciudadanas del Estado español.

---

1 Smil V., *Energía y civilización. Una historia,* 2.ª ed., Editorial Arpa: Barcelona, 2021, pág. 335.

2 Ritchie H. y Roser M.:, *Energy use per person vs. GDP per capita,* [Online], Oxford: Our World in Data, 2021, Disponible en: https://ourworldindata.org/grapher/energy-use-per-person-vs-gdp-per-capita, fecha de acceso: 20 de mayo de 2024.

3 Jäger P. «Rustbelt relics or future keystone? EU policy for energy-intensive industries», en *Jacques Delors Centre Policy Papers,* 2023, pág. 5

4 Naciones Unidas, *Tracking SDG 7: The Energy Progress Report 2023,* World Bank: Washington, 2023, pág. 81.

5 Intergovernmental Panel on Climate Change, *Climate Change 2023: Synthesis Report,* IPCC, Ginebra, 2023, pág. 59.

2. El derecho a la energía como derecho derivado

La importancia de la energía como fuerza motriz del mundo ha llevado a muchos autores a reivindicar un estatus jurídico superior para el derecho a la energía. En algunos supuestos, la literatura incluso ha abogado por su reconocimiento como un derecho humano de carácter global. Autores como Chian-Woei Shyu, por ejemplo, defienden la existencia de un derecho de lógica incremental que garantizará, como mínimo, el derecho universal al acceso a la energía y los servicios energéticos[6]. Por contra, investigadores como Marc Clemson califican el acceso a la energía como un derecho de carácter moral que todavía no goza de reconocimiento jurídico[7].

La tesis de este capítulo se sitúa entre ambas perspectivas. Es cierto que los principales tratados internacionales de Derechos Humanos no han reconocido como tal el derecho fundamental a la energía. Tampoco encontramos ningún precepto que se centre en alguna fuente energética particular. Sin embargo, ello no quiere decir que el Derecho internacional de los derechos humanos reste ajeno a la cuestión energética.

En relación a la electricidad, Lars Löfquist apunta que el acceso a un umbral energético mínimo constituye lo que conocemos como un derecho derivado o derivativo[8]. Como su nombre indica, la existencia de este tipo de derechos no emana de su reconocimiento explícito como derechos humanos, sino por la relación establecida con otro derecho sí reconocido.

---

6 Shyu C., «A framework for 'right to energy' to meet UN SDG7: Policy implications to meet basic human energy needs, eradicate energy poverty, enhance energy justice, and uphold energy democracy», en *Energy Research & Social Science*. Vol 79, septiembre de 2021, pág. 7 [en adelante, SHYU (2021)].

7 Clemson M., «Human rights and the environment: access to energy», en *New Zealand Journal of Environmental Law*, Vol. 16, agosto de 2012, pág. 81.

8 Löfquist L., «Is there a universal human right to electricity», en *The International Journal of Human Rights*, Vol. 24(6), octubre de 2019, pág. 721

El mejor ejemplo de dicha naturaleza derivativa lo encontramos en la Convención sobre la eliminación de todas las formas de discriminación contra la mujer, el único tratado internacional de derechos humanos que hace mención a los usos energéticos. El artículo 14.2.h) establece:

> «2. Los Estados Partes [...] asegurarán el derecho a: [...]
> h) Gozar de condiciones de vida adecuadas, particularmente en las esferas de la vivienda, los servicios sanitarios, la electricidad y el abastecimiento de agua, el transporte y las comunicaciones»[9].

En este sentido, el acceso a la energía —particularmente el acceso a energía eléctrica— constituye una de las condiciones necesarias para garantizar el derecho a un nivel de vida adecuado.

Encontramos un ejemplo similar en el Pacto Internacional de Derechos Económicos, Sociales y Culturales (PIDESC). En este caso, la mención a la energía no aparece en el texto del tratado. Sí que aparece, sin embargo, en la Observación General núm. 4 del Comité de Naciones Unidas sobre Derechos Económicos, Sociales y Culturales (CNUDESC). En su análisis del derecho a la vivienda adecuada (art. 11.1), el Comité afirma:

> «Una vivienda adecuada debe contener ciertos servicios indispensables para la salud, la seguridad, la comodidad y la nutrición. Todos los beneficiarios del derecho a una vivienda adecuada deberían tener acceso permanente a recursos naturales y comunes, a agua potable, a energía para la cocina, la calefacción y el alumbrado, a instalaciones sanitarias y de aseo, de almacenamiento de alimentos, de eliminación de desechos, de drenaje y a servicios de emergencia».[10]

9 *Convención sobre la eliminación de todas las formas de discriminación contra la mujer,* 18 de diciembre de 1979. Art. 14.2.H) (en adelante, *CEDCM*).

10 Comité de Naciones Unidas sobre Derechos Económicos, Sociales y Culturales, *General Comment núm. 4: The Right to Adequate Housing (Art. 11 (1) of the Covenant)*, Ginebra: Naciones Unidas, 1991, párr. 8.b). [(En adelante, CNUDESC Comentario General núm. 4 (1991)].

Analizaremos este párrafo en profundidad en la sección 4, cuando analicemos el estándar de diligencia de los Estados en relación a los derechos energéticos. Por ahora, y asumiendo el carácter no vinculante de los comentarios generales, nos centraremos en que la interpretación privilegiada que ofrece el CNUDESC sitúa los derechos energéticos como derechos derivados de un derecho fundamental.

Dicha perspectiva también se reproduce en el plano regional europeo. En el caso núm. 206/2022, relativo a los cortes de luz en la Cañada Real, el Comité Europeo de Derechos Sociales (CEDS) vincula el acceso a la energía a distintos derechos. En relación al derecho a la vivienda, el Comité reconoce que la expresión «vivienda adecuada» incluye el acceso a energía eléctrica y calefacción[11]. Esta aproximación es compartida por el antiguo Comisario de Derechos Humanos del Consejo de Europa, Thomas Hammarberg. En su informe de 2009, se utiliza como ejemplo de instalación básica de una vivienda digna el acceso a la energía para iluminar y calentar el hogar[12].

En todo caso, el derecho a la no discriminación y a la vivienda no son los únicos de los que deriva un derecho a la energía. El derecho a la educación también requiere de suministros de energía para poder ser ejercido. En este sentido, sin embargo, el salto entre el ámbito global y el regional es mucho más acusado. En su Observación General núm. 25, el Comité de los Derechos del Niño vincula el acceso a la electricidad a la educación presencial y a distancia. En relación a la presencial, el Comité reconoce que los Estados «deberían»

11 Comité Europeo de Derechos Sociales, 21 de marzo de 2022, *Defence for Children International (DCI), European Federation of National Organisations working with the Homeless (FEANTSA), Magistrats Européens pour la Démocratie et les Libertés (MEDEL), Confederación Sindical de Comisiones Obreras and International Movement ATD Fourth World v. Spain*, Demanda núm. 206/2022, párr. 214 [(en adelante, *CEDS Cañada Real (2022)*].

12 Comisionado para los Derechos Humanos del Consejo de Europa, *Recommendation of the Commissioner for Human Rights on the implementation of the right to housing*, Estrasburgo: Consejo de Europa, 2009, pág 13.

invertir en una red eléctrica estable para todos los centros educativos. Respecto de la educación a distancia, los Estados «deberían» asegurarse de que todos los niños tengan acceso a la infraestructura eléctrica necesaria[13]. Sin embargo, el uso del verbo «debería» acerca más este derecho derivado a un objetivo social que a una realidad jurídica.

Por contra, en el plano regional europeo la perspectiva es diferente. En este sentido, el CEDS considera que el derecho incluye la obligación del Estado de proveer las condiciones materiales necesarias para el disfrute del derecho a la educación. Particularmente, reconoce como elementos necesarios el acceso a la electricidad para tener iluminación suficiente y el acceso a fuentes de información de internet[14].

El cuarto derecho humano del que pueden derivar derechos energéticos es el derecho a la salud. En este caso, el artículo 12.1 del PIDESC deja claro que dicho derecho no es el derecho a estar sano, sino el «disfrute del más alto nivel posible de salud física y mental»[15]. En este sentido, el CNUDESC ha reconocido que la garantía de dicho «nivel más alto posible» no puede limitarse únicamente a la garantía de asistencia sanitaria. Por contra, el Comité lo interpreta como un derecho inclusivo que obliga al Estado a actuar en relación a:

> «los principales factores determinantes de la salud, como el acceso al agua limpia potable y a condiciones sanitarias adecuadas, el suministro adecuado de alimentos sanos, una nutrición adecuada, una vivienda adecuada, condiciones sanas en el trabajo y el medio ambiente, y acceso a la educación e información sobre cuestiones relacionadas con la salud, incluida la salud sexual y reproductiva».[16]

---

13 Comité de Naciones Unidas de los Derechos del Niño, *General comment núm. 25 (2021) on children's rights in relation to the digital environment*, Ginebra: Naciones Unidas, 2021, párr. 8.b).

14 CEDS Cañada Real (2022), *op. cit., 11*, párr. 285.

15 *Pacto Internacional de Derechos Económicos Sociales y Culturales,* 16 de diciembre de 1966. Art. 12 [en adelante, PIDESC (1966)].

16 Comité de Naciones Unidas sobre Derechos Económicos, Sociales y Culturales, *General Comment núm. 14: The Right to the Highest Attainable Standard of Health (Art. 12)*, Ginebra: Naciones Unidas, 2000, párr. 11.

A pesar de que el acceso a la energía no se cita entre los ejemplos, es evidente que tanto las nociones de «nivel más alto de salud posible» como de «determinantes subyacentes de la salud» son nociones dinámicas cuyo contenido puede variar atendiendo a las circunstancias sociales, geográficas y temporales. En este sentido, la Dirección General de Energía de la UE ya ha reconocido una correlación entre la pobreza energética y el exceso de mortalidad en invierno o determinadas enfermedades cardiovasculares y respiratorias[17]. En consecuencia, parece razonable inferir la existencia de un derecho derivado a la energía del derecho a la salud.

De hecho, en el marco del Consejo de Europa, la vinculación entre energía y salud ya ha sido reconocida jurídicamente por el CEDS. En este sentido, el Comité reconoce que la falta de electricidad dificulta el acceso a una alimentación saludable o a una temperatura ambiental confortable, ambas necesarias para garantizar el derecho a la salud[18].

Por último, es importante destacar que esta sección no pretende analizar exhaustivamente todos los derechos humanos de los que derivan derechos energéticos. Dada su naturaleza como derecho derivado, realizar una lista de dicha naturaleza tendría un interés necesariamente contingente, vinculado obligatoriamente a un momento histórico y a un espacio determinados. Sin embargo, parece relevante destacar un último derecho del que derivan derechos energéticos. En el caso de la Cañada Real, el CEDS reconoce que la falta de acceso a electricidad impide el ejercicio de los derechos humanos que hemos expuesto en los párrafos anteriores y, en consecuencia, viola el derecho a la protección estatal frente a la pobreza y la exclusión[19].

17 EU energy poverty observatory, *The multiple impacts of Energy poverty, and the multiple benefits of addressing it: Handbook and guide*, Bruselas, Unión Europea, 2020, pág. 13.

18 CEDS Cañada Real (2022), *op. cit., 11*, párr. 394.

19 *Ibid.*, párr. 346.

3. El derecho a la energía como obligación de diligencia debida

La concepción del derecho a la energía como derecho derivado exige un ejercicio interpretativo para determinar su contenido. En la medida en que el legislador internacional no ha clarificado sus contornos, la definición de dicho contenido será el fruto de las propuestas y la práctica de los distintos operadores jurídicos. Sin embargo, cualquier propuesta al respecto exige un análisis previo de su naturaleza jurídica. ¿Qué tipo de obligaciones tiene el Estado para garantizar este derecho?

Ante la falta de codificación, lo más oportuno para responder esta cuestión es analizar la naturaleza jurídica de los derechos humanos de los que deriva. En este sentido, y como se ha expuesto en la sección anterior, en la mayoría de ocasiones emana de derechos sociales y económicos. De este modo, para determinar la naturaleza jurídica del derecho a la energía, acudiremos al artículo 2.1 del PIDESC:

> «Cada uno de los Estados Partes en el presente Pacto se compromete a adoptar medidas, tanto por separado como mediante la asistencia y la cooperación internacionales, especialmente económicas y técnicas, hasta el máximo de los recursos de que disponga, para lograr progresivamente, por todos los medios apropiados, inclusive en particular la adopción de medidas legislativas, la plena efectividad de los derechos aquí reconocidos»[20].

La mención explícita a la disponibilidad de recursos y a la progresividad aleja los derechos económicos, sociales y culturales de una órbita absoluta u orientada a resultado. Por contra, el derecho a la energía estará más cerca de las llamadas obligaciones de diligencia debida. Autores como Benoit Mayer[21] o Pierre d'Argent[22], han definido estas obligaciones

---

20 PIDESC (1966), *op. cit., 15,* Art. 2.1

21 MAYER B., *International Law obligations on Climate Change Mitigation,* 1.ª ed., Oxford University Press, Oxford, 2022, pág. 185. (en adelante, MAYER (2022)].

22 D'ARGENT P., «Recueil des cours: Les obligations internationals», en *Collected Courses of The Hague Academy of International Law,* Vol. 417, agosto de 2021, pág. 172.

como obligaciones de conducta que imponen al Estado un deber de esforzarse para alcanzar un objetivo.

En este sentido, la literatura suele ilustrar estas obligaciones con el deber médico de tratar a un paciente[23]. Asumiendo que las posibilidades de curar una enfermedad no siempre están al alcance del personal sanitario, los sistemas jurídicos modernos consideran cumplida la obligación médica si el paciente ha recibido un trato adecuado y acorde con el estado actual del conocimiento científico. Si se dan estos requisitos, el doctor o la doctora habrá dado cumplimiento a su obligación con independencia de la suerte final de sus pacientes.

Esta concepción, surgida del derecho civil romano[24], tiene importantes implicaciones en relación a la emergencia de responsabilidad internacional. A estos efectos, la evaluación del incumplimiento deberá centrarse en la conducta del Estado, no en el resultado último de su intervención. Sin embargo, no toda conducta será adecuada para cumplir con un deber de diligencia. Para observar la obligación, el Estado debe alcanzar un estándar mínimo de comportamiento, el llamado estándar de diligencia.

A modo de ejemplo, en el famoso caso *Pulp Mills on the River Uruguay*, la Corte Internacional de Justicia analiza la obligación de preservar el ambiente acuático y, en particular, de prevenir la contaminación mediante la adopción de normas y medidas adecuadas, acordes con el Derecho internacional y con las recomendaciones de los cuerpos técnicos internacionales. En consecuencia, la Corte deja claro que no es suficiente con adoptar medidas en abstracto. Por contra, estamos ante una obligación de diligencia en la que el estándar lo va a determinar la adecuación de estas medidas

23 Dupuy P., «Reviewing the Difficulties of Codification: On Ago's classification of Obligations of Means and Obligations of Result in Relation to State Responsibility», en *European Journal of International Law*, Vol. 10(2), mayo de 1999, pág. 375.

24 Mayer B., *op. cit.*, 21, 2022, pág 185

al Derecho internacional y al *softlaw* que se vaya generando por los cuerpos técnicos[25].

De este modo, los estándares de diligencia ofrecen una flexibilidad y un dinamismo normativo que favorecen la conjunción de intereses entre Estados diferentes. Sin embargo, también conlleva un proceso jurídico de mayor complejidad, ya que antes de empezar a operar será necesario establecer el umbral de comportamiento. Así, del mismo modo que en el caso *Pulp Mills,* antes de analizar si el derecho a la energía se está garantizando debemos determinar el estándar de diligencia energética.

4. El estándar de diligencia energética

Antes de entrar en la determinación concreta del estándar, debemos tener en cuenta dos premisas. En primer lugar, y en línea con la perspectiva de Chian-Woei Shyu, esta sección acepta la lógica gradual y, en cierta medida, incremental del derecho a la energía[26]. Así, la construcción del estándar de diligencia energética opera como un juego de muñecas rusas. Las normas que lo determinan, vinculantes o de *softlaw,* actúan de la escala global a la local. En este sentido, el nivel de abstracción será directamente proporcional a la dimensión del ámbito geográfico al que aplique. Como veremos más adelante, los estándares de escala supraestatal se centrarán en los usos energéticos mínimos, mientras que la escala nacional permite dibujar indicadores mucho más concretos. Para entender mejor esta lógica, esta sección se dividirá en tres partes. En la primera, analizaremos las normas que marcan el estándar a nivel global. En la segunda, las que determinan el estándar regional. Por último, la tercera abordará las normas estatales que influyen en este proceso.

La segunda premisa pretende alertar al lector de los límites de nuestra interpretación. De acuerdo con el artículo 2

25 Corte Internacional de Justícia, *Case núm. 135 concerning the Pulp Mills on the river Uruguay (Argentina v. Uruguay)*, de 20 de abril de 2010. Par 197.

26 Shyu (2021), *op. cit.*, 6, pág. 7

del PIDESC, visto en la sección anterior, el estándar de este derecho estará ampliamente influenciado por elementos contextuales. Por ello, el análisis de esta sección debe leerse desde la visión de quien escribe desde Cataluña en el año 2024.

4.1. El estándar energético universal

Los consumos energéticos vitales de un ciudadano de clima tropical y de uno que resida en zonas alpinas son totalmente dispares. Por este motivo, la comunidad internacional ha sido prudente a la hora de establecer ningún baremo energético concreto. Como hemos visto anteriormente, sin embargo, el Comentario General núm. 4 del CNUDESC sí que concreta los usos energéticos mínimos a los que toda persona tiene derecho. En este sentido, el Comité establece que todo ciudadano debe tener acceso a la energía necesaria para cocinar, iluminar y calentar una vivienda[27].

Más allá de esta pequeña referencia, las únicas resoluciones internacionales que pueden ayudarnos a esclarecer el estándar de diligencia global son las adoptadas por la Asamblea General en relación a los ODS. De acuerdo con el plan de desarrollo, los Estados deben trabajar para alcanzar, en 2030, el acceso universal a fuentes de energía sostenibles, económicamente asequibles y confiables[28].

En relación a estos objetivos, es importante tener en cuenta dos elementos. En primer lugar, es evidente que los ODS no tienen carácter obligatorio. Sin embargo, ya hemos dicho que las normas de *softlaw* pueden jugar un papel determinante a la hora de dibujar estándares. En este caso, teniendo en cuenta el amplio consenso con el que se adoptaron, parece razonable pensar que marcan el «nivel de vida»[29] mínimo al que deberían acceder todas las personas.

27 CNUDESC Comentario General núm. 4 (1991), *supra note 10,* párr. 8.b)

28 Asamblea General de Naciones Unidas, Transformar nuestro mundo: la Agenda 2030 para el Desarrollo Sostenible, *Resolución A/RES/70/1 de 21 de octubre de 2015.* Objetivo 7.1

29 *Ibid.*, párr. 24

En segundo lugar, debemos tener en cuenta que los objetivos trabajan en un marco temporal 2015-2030. En consecuencia, para algunas regiones del mundo sería suficiente con demostrar que el Estado está trabajando para alcanzar dichos objetivos a finales de la presente década.

4.2. El estándar energético europeo

En el ámbito europeo, la actividad legislativa de la UE y del Consejo de Europa permiten ampliar y concretar el estándar global. En primer lugar, el énfasis de la UE en la pobreza energética parece intuir que dicho concepto marca el estándar mínimo de comportamiento de los Estados. En este sentido, cabe destacar la *Recomendación de la Comisión (EU) 2020/1563 de 14 de octubre de 2020, sobre Pobreza Energética.* De acuerdo con su párrafo 2, «*la calefacción, la climatización y la iluminación adecuadas, así como la energía para hacer funcionar los aparatos son servicios esenciales para preservar un nivel de vida digno y la salud*»[30]. Así, la Comisión parece ampliar el marco del CNUDESC con el derecho a enfriar las viviendas a una temperatura adecuada y al uso de determinados electrodomésticos.

Hay dos elementos de esta recomendación que cabe destacar, uno de obvio y otro de sorprendente. Empezando por el más evidente, la Comisión no concreta los niveles de energía necesarios para satisfacer estos usos. De hecho, la recomendación reconoce que la noción de pobreza energética admite interpretaciones diferentes y que su concreción corresponde a cada Estado miembro[31]. Por este motivo, la Comisión se centra simplemente en destacar aquellos usos energéticos que se consideran esenciales, sin especificar los niveles de suministro indispensables para garantizar dicho derecho. Como comentábamos, esta estructura parece obvia. Debido a que el consumo energético para calentar una casa en el *Pirineu* o en el *Delta de l'Ebre* son diametralmente dife-

30 Comisión Europea, Recomendación (UE) 2020/1563 de la Comisión de 14 de octubre de 2020 sobre la pobreza energética, *Diario Oficial de la Unión Europea núm. L 357 de 27 de octubre de 2020,* párr. 2

31 *Ibid.*, párr. 5

rentes —e incluso pueden variar de año en año—, la participación de la comisión en este ejercicio tendría poco sentido. Ello es así hasta tal punto que los datos de referencia con los que la Comisión mide el número de viviendas que no están a temperatura adecuada se basan fundamentalmente en la autopercepción ciudadana, no en una cifra de temperatura estándar[32].

Sí que resulta sorprendente, sin embargo, la referencia abstracta al derecho a acceder a suministro para aparatos electrónicos. En este sentido, parece evidente que no se refiere a electrodomésticos de cocina, temperatura ambiente ni iluminación, ya que dicha energía ya está incluida genéricamente en los apartados anteriores. Por ello, el margen de incertidumbre es todavía más elevado. En este sentido, ¿quedan incluidos teléfonos móviles o aparatos de Wifi, que pueden facilitar el derecho a la información, a las comunicaciones privadas o a la educación, entre otros? Una aclaración de la Comisión especificando que se refiere a electrodomésticos esenciales podría facilitar la interpretación.

A la actividad de la Unión debemos sumarle la perspectiva del Consejo de Europa. Como ya hemos visto, el CEDS tampoco especifica el umbral de consumo, pero sí que regula el derecho de acceso a una fuente concreta, la energía eléctrica[33]. A su vez, el Comité también reconoce el derecho de los ciudadanos a acceder a determinados usos energéticos. En algunos casos, como el derecho a energía para cocinar, calentar e iluminar la vivienda, coincide con la UE[34]. Sin embargo, el CEDS también incluye otros usos, como el derecho a energía para almacenar alimentos[35] o el derecho de los niños y niñas a la energía necesaria para estudiar usando internet[36].

32 Gouveia J.P. *et al., Energy Poverty National Indicators: Insights for a more effective measuring,* Comisión Europea, Bruselas, 2022, pág. 40

33 CEDS Cañada Real (2022), *op. cit. 11*, párr. 214

34 *Ibid.*, párr. 226

35 *Ibid.,* párr. 226

36 *Ibid.*, párr. 279

4.3. El estándar energético estatal

Una vez observados los elementos que marcan el estándar universal y europeo del derecho a la energía, podemos analizar aquel nivel que debería concretar, en la medida de lo posible, los usos energéticos y el umbral de suministro necesarios para proteger dicho derecho. En este caso, y asumiendo una vez más la naturaleza incremental del derecho a la energía, el marco jurídico de referencia para fijar el estándar de diligencia serán las normas domésticas que establecen los umbrales de descuento del bono social eléctrico y el bono social térmico.

A pesar de sus similitudes, ambos bonos tienen objetivos diferentes, por lo que los vamos a analizar por separado. En relación al bono social eléctrico, su desarrollo viene regulado por el Real Decreto 897/2017 y el Real Decreto-ley 18/2022. Con el objetivo de garantizar el derecho a la energía eléctrica a la ciudadanía en situación de vulnerabilidad y de exclusión social, el bono establece un programa de descuentos en la factura eléctrica. Sin embargo, y dado que los descuentos pueden llegar a un 40 % del precio de la energía[37], el legislador establece un límite de consumo bonificado[38].

Ante la falta de otras herramientas, dicho límite nos puede ser útil para establecer el estándar mínimo que incor-

37 Reino de España, Real Decreto 897/2017, de 6 de octubre, por el que se regula la figura del consumidor vulnerable, el bono social y otras medidas de protección para los consumidores domésticos de energía eléctrica. *Boletín Oficial del Estado 242, de 7 de octubre de 2017.* Art. 6.3

38 Reino de España, Real Decreto-ley 18/2022, de 18 de octubre, por el que se aprueban medidas de refuerzo de la protección de los consumidores de energía y de contribución a la reducción del consumo de gas natural en aplicación del «Plan + seguridad para tu energía (+SE)», así como medidas en materia de retribuciones del personal al servicio del sector público y de protección de las personas trabajadoras agrarias eventuales afectadas por la sequía. *Boletín Oficial del Estado núm. 251, de 19 de octubre de 2022.* Art. 12

poraría el derecho a la energía eléctrica en el Estado español. De acuerdo con el artículo 12 del Real Decreto 18/2022, estos umbrales son:

Tabla 1: Límites máximos de consumo bonificado del bono social eléctrico.

Categorías	Límites máximos al consumo
Demandante individual/Unidad de convivencia formada por dos personas.	1.587 kWh
Unidad de convivencia formada por tres personas / Pensionistas (cuantía mínima) / Unidad de convivencia formada por dos personas siendo una de ellas un menor.	2.222 kWh
Unidad de convivencia formada por cuatro personas / Unidad de convivencia formada por tres personas siendo dos de ellas menores.	2.698 kWh
Unidad de convivencia formada por cinco o más personas / Unidad de convivencia formada por cuatro personas siendo tres de ellas menores / Familias numerosas.	4.761 kWh

Fuente: Elaborado por el autor en base al artículo 12 del Real Decreto-ley 18/2022.

No obstante, y como hemos visto en las secciones previas, los estándares supranacionales van más allá de los usos energéticos de naturaleza eléctrica. A pesar de que la lucha contra la emergencia climática impone necesariamente la electrificación de buena parte del suministro energético, a día de hoy, la calefacción, la provisión de agua caliente sanitaria y algunas cocinas todavía utilizan combustibles fósiles para operar —especialmente gas natural—[39].

En este sentido, el Real Decreto 15/2018 prevé la existencia de un bono social térmico que garantice el acceso a estos tres usos. A diferencia del bono social eléctrico, el bono social térmico no opera como un sistema de descuentos sino como una ayuda directa a consumidores vulnerables[40]. En consecuencia, no se establece un umbral mínimo de energía térmica disponible, sino una cuantía mínima de 40 € que, bajo disponibilidad presupuestaria, percibe la ciudadanía vulnerable[41]. Así, el bono social térmico no nos sirve tanto para fijar el estándar concreto de consumo como para evidenciar que el umbral eléctrico es solo una parte del umbral energético —que también incluirá, como mínimo, la calefacción y la energía térmica para cocinar y para obtener agua caliente sanitaria—.

Conclusiones

Para alcanzar los objetivos de neutralidad climática, la Prospectiva Energética de Cataluña (PROENCAT) prevé, para 2050, una reducción del consumo energético del 30,2 %[42]. Como el propio documento apunta, dicha reducción es posible sin reducir el nivel de bienestar de los y las catalanas. Sin embargo, a día de hoy, una parte importante de la ciudadanía sigue sin tener acceso a la energía.

---

39 EUROSTAT, *Energy consumption in households*, [Online], Luxemburgo: EUROSTAT, 2024, Disponible en: https://ec.europa.eu/eurostat/statistics-explained/index.php?title=Energy_consumption_in_households&oldid=636800#Energy_consumption_in_households_by_type_of_end-use, Fecha de acceso: 17 de mayo de 2024.

40 Reino de España, Real Decreto-ley 15/2018, de 5 de octubre, de medidas urgentes para la transición energética y la protección de los consumidores, *Boletín Oficial del Estado núm. 242 de 6 de octubre de 2018*, Art. 5

41 *Ibid.*, Anexo I párr. 3

42 Institut Català de l'Energia, *Prospectiva Energètica de Cataluña: PROENCAT 2050*, Barcelona: *Generalitat de Catalunya*, 2023, pág. 91

En este contexto, este capítulo ha abordado la existencia y naturaleza del derecho a la energía. De la mano de autores como Löfquist, hemos defendido que el derecho a la energía no ha sido reconocido todavía como un derecho humano, pero sí como un derecho derivado o derivativo que incorpora obligaciones de diligencia para los Estados.

Dado que el nivel de diligencia está altamente influenciado por elementos contextuales, hemos analizado el estándar desde una perspectiva multinivel. Desde una óptica global o europea, la mayoría de elementos que fijan el estándar son abstractos y se centran en los usos energéticos mínimos a los que debe tener acceso toda persona —fundamentalmente energía para cocinar, calentar e iluminar una vivienda—.

Por el contrario, desde la perspectiva estatal, el bono social eléctrico permite concretar el umbral de consumo energético mínimo de los ciudadanos (1.587 kWh). Sin embargo, dicho estándar se limita a los usos de carácter eléctrico. Como hemos visto, el propio legislador apunta a otros usos energéticos —especialmente los de carácter térmico— que deberían añadirse a los 1.587 kWh eléctricos.

Para concluir, el Grupo Intergubernamental de Expertos sobre el Cambio Climático (IPCC) alerta que mitigar el cambio climático exige dejar bajo tierra buena parte de los yacimientos descubiertos de combustibles fósiles[43]. La transición energética es, en consecuencia, imperativa. Sin embargo, dicha transición no puede obviar a las miles de personas que a día de hoy sufren las consecuencias de la pobreza energética. ¿Acaso se puede salvar el mundo sin tener acceso a la energía que lo mueve?

43 Intergovernmental Panel on Climate Change, *AR6 Climate Change 2022: Mitigation of Climate Change*, IPCC, Ginebra, 2022, pág. 698

CAPÍTULO 2
Umbrales de dignidad energética

Luis González Reyes
Miembro de Ecologistas en Acción y Garúa
luis.glez.reyes@garuacoop.es

Charo Morán Cuadrado
Miembro de Ecologistas en Acción y Garúa
charo@garuacoop.es

Introducción: la dignidad humana entre múltiples crisis y dos umbrales

Nos encontramos en una crisis multidimensional que es a un tiempo ecológica, social y económica. Su causa es un modelo económico basado en el crecimiento ilimitado, ciego a la finitud del planeta y que promueve la concentración de poder y riqueza en cada vez menos manos. La transformación energética justa ha de enmarcarse en esta realidad para avanzar hacia escenarios que pongan en el centro el reparto de recursos que aseguren vidas dignas para todas las personas y en armonía con los ecosistemas y los seres vivos que los habitan.

La emergencia climática se hace cada vez más palpable, así como sus efectos en forma de eventos meteorológicos extremos, reducción de cosechas, pérdida de ecosistemas, migraciones o pérdida de vidas humanas. Las emisiones de gases de efecto invernadero siguen al alza, incumpliendo los acuerdos climáticos y haciendo ya casi imposible no incrementar la temperatura global por encima de 1,5 ºC con respecto a los niveles preindustriales. Esto supone entrar en una situación climática de gran incertidumbre y de activación de bucles de realimentación positivos[1], que pueden conducir a un punto de no retorno transformando completamente el estado del clima de la Tierra[2] y, por ende, nuestro futuro.

La pérdida de biodiversidad y el deterioro de los ecosistemas es otra de las crisis que debemos de enfrentar de una forma urgente[3]. Cerca de un millón de especies se encuentran en la actualidad en peligro de extinción y, con ellas, las interacciones y las funciones de las que dependemos, como la fotosíntesis, la polinización, la regulación de los ciclos biogeoquímicos o la fertilidad de los suelos. Nuestra cultura occidental tecnoentusiasta y prepotente se desarrolla a espaldas de lo que nos permite estar vivos, cultivando la idea de que podemos modificar la trama de la vida a nuestro antojo. Es ciega a nuestra ecodependencia.

Por otro lado, la crisis energética es también cada vez más evidente[4]. La sobreexplotación de los combustibles fósiles y

---

1 Mecanismos que aceleran y amplifican el calentamiento global como el incremento del albedo debido a la disminución de las zonas heladas o la liberación de metano por el deshielo del subsuelo de zonas árticas, del permafrost.

2 Armstrong Mckay D.I. *et al.*, «Exceeding 1.5 °C global warming could trigger multiple climate tipping points» en *Science*, DOI: 10.1126/science.abn7950, 2022.

Lenton T.M. *et al.*, *The Global Tipping Points Report 2023*, University of Exeter, 2023.

3 IPBES, *Global assessment report on biodiversity and ecosystem services of the Intergovernmental Science-Policy Platform on Biodiversity and Ecosystem Services*, IPBES secretariat. Bonn 2019.

4 Tueriel A., *Petrocalipsis. Crisis energética global y cómo (no) la vamos a solucionar*, Alfabeto, Madrid, 2021.

la emergencia climática son dos caras de la misma moneda. El pico del petróleo (y también de otros minerales) se define como el momento en el que la extracción del recurso no puede seguir incrementándose, debido al agotamiento de las reservas y/o a la dificultad tecnológica para su explotación. Este hecho hace que se entre en una situación de declive irreversible y, por tanto, una menor disponibilidad para la economía global. En este sentido, las renovables de alto componente tecnológico también están sujetas a límites, dada la necesidad de minerales críticos (litio, cobalto o tierras raras) que requiere su fabricación[5]. La demanda creciente de estos minerales, que espolea el extractivismo, dificulta la transición energética justa y sostenible.

A todo ello se suma una tasa de desigualdad creciente[6]. Así, más de dos tercios de la población mundial vive en países donde la desigualdad se incrementa, no solo debido a la disparidad de ingresos, sino también a la inestabilidad política, los conflictos armados o la crisis ecológica. La desigualdad es estructural y se relaciona con luchas de poder y por privilegios que desechan a cada vez más personas y que se ven agravadas con hambrunas, pandemias, migraciones masivas o situaciones de exclusión interseccional, como las debidas al aspecto físico, el género, la procedencia o la clase social.

Frente a todo eso, la economía de la rosquilla[7] atiende a un doble desafío: asegurar unas condiciones de vida digna para todas las personas y reducir la presión que ejerce el modelo económico basado en el crecimiento sobre el planeta. Se representa mediante unos círculos concéntricos, uno exterior, el techo ecológico, en el que se recopilan los 9 límites planetarios[8], que no se deben sobrepasar para ase-

---

5 Valero A. *et al., Thanatia, límites materiales de la transición energética,* Prensas de la Universidad de Zaragoza, 2021.

6 Chancel L. *et al., Informe sobre desigualdad global 2022,* Laboratorio Mundial de Desigualdad, Naciones Unidas, 2022.

7 Raworth K., *Economía rosquilla. Siete maneras de pensar como un economista del siglo XXI,* Ediciones Paidós Ibérica, 2018.

8 Rockström J. *et al.,* «A safe operating space for humanity», en *Nature,* DOI: 10.1038/461472a, 2009.

gurar la sostenibilidad planetaria de la que dependemos y, un círculo interior, el suelo social, que tiene en cuenta indicadores sociales vinculados con las necesidades humanas. En el interior de ambos círculos se situaría el espacio seguro para la humanidad, un espacio de sostenibilidad ecológica (regulación del clima, conservación de la biodiversidad y de los ecosistemas o disponibilidad de agua dulce) y de justicia social (sanidad, acceso a alimentos o a energía).

De los nueve límites planetarios, seis están superados en la actualidad y alertan de la situación de translimitación planetaria en la que nos encontramos[9]. El cambio climático, la integridad de la biosfera (biodiversidad), los ciclos biogeoquímicos del nitrógeno y el fósforo, el uso de agua dulce, la acumulación de sustancias químicas y los cambios en los usos de la tierra han sido sobrepasados y solo la capa de ozono, los aerosoles atmosféricos o la acidificación de los océanos se pueden considerar todavía dentro de los límites planetarios estudiados, aunque todo apunta a que también podrían ser superados si no se toman medidas.

En lo que respecta al suelo social, un enfoque integral permite analizar las interrelaciones entre la crisis ecológica y la social, como el hecho de que la emergencia climática y el insuficiente acceso a la energía afectan en mayor medida a las personas más empobrecidas[10], mientras son las personas y países más enriquecidos quienes han tenido y tienen una mayor responsabilidad sobre la translimitación planetaria. Así, las políticas orientadas a la sostenibilidad, no solo deben de buscar la reducción del consumo de recursos y la generación de residuos, sino que han de tener en cuenta la redistribución y el reparto de forma justa con los territorios y las comunidades históricamente expoliadas y deterioradas por la economía capitalista.

Sin embargo, aun en un contexto de límite de recursos y de emergencia climática y ecosistémica como la actual,

9 Richardson K. *et al.*, «Earth beyond six of nine planetary boundaries», en *Science Advances*, DOI: 10.1126/sciadv.adh2458, 2023.

10 OXFAM, *Desigualdad S.A.*, Oxfam, 2024.

la demanda de energía crece[11], no solo debido al consumo directo en los hogares o en el transporte (electricidad, combustible, etc.), sino de una forma indirecta debido a nuestro modo de vida. Lo que compramos, lo que comemos o cómo nos divertimos consume energía, especialmente en una economía globalizada caracterizada por la deslocalización de la producción, el transporte de larga distancia, el despilfarro de recursos y la sociedad consumista. Un modo de vida imperial[12] estructuralmente injusto que deja fuera del suelo social de vida digna a cada vez más personas y socava las bases de funcionamiento de la vida del planeta.

Una transición energética justa ha de ser consciente de esta situación de crisis multisistémica y planificar un modelo energético decrecentista a escala global, basado en el reparto y la soberanía energética. Necesitamos transitar de un modelo energívoro, petrodependiente y con una brecha de desigualdad insoportable, hacia otro centrado en la suficiencia, renovable con técnicas humildes y que sea comunitario, cooperativo y democrático.

1. Un ejemplo de umbrales suelo y techo: la pobreza energética

La pobreza energética significa, entre otras cosas, que la parte de la población más empobrecida no tiene los recursos económicos suficientes para poder climatizar adecuadamente sus viviendas o cocinar. Detrás de este fenómeno están claramente las políticas neoliberales que, sostenidas ya desde hace décadas, han ido depauperando a un porcentaje creciente de la población y, además, restándole posibilidades de acceso a servicios y prestación públicas, que han ido desapareciendo o perdiendo calidad.

Pero en realidad, la pobreza energética no es solo por la depauperización de la población, sino también por el enca-

11 IEA, *World Energy Outlook 2023,* IEA, 2023.

12 Brand U., Wissen M., *Modo de vida imperial. Vida cotidiana y crisis ecológica del capitalismo,* Tinta limón, Buenos Aires, 2021.

recimiento de los recursos, algo que está sucediendo de manera intermitente. Por ejemplo, el precio de la electricidad en España está regulado por un sistema tarifario hecho a media de las grandes eléctricas. No es algo casual, pues son ellas las que han configurado dicho sistema gracias al poder que han acumulado. Y como es un sistema que las sirve, es un sistema que les da amplios beneficios y que ha supuesto un incremento creciente de la factura[13]. Es un ejemplo de libro de las medidas neoliberales: la creación de nuevas normativas que privatizan el acceso a los bienes (como fue la privatización de Endesa) y la creación de un marco regulatorio al servicio de la reproducción del capital a costa de las personas y de la naturaleza («liberalización» del mercado). Estas políticas neoliberales tuvieron como motivación última responder a la crisis del capitalismo que se desarrolló en los años sesenta y setenta[14].

Así pues, la electricidad es cara por la posición de poder del oligopolio energético, pero también por la crisis energética vigente. Por ejemplo, la subida disparatada de la tarifa en el otoño de 2021 se debió en gran media al encarecimiento del gas. Detrás estuvo la dificultad creciente a su acceso, especialmente en Europa. La capacidad de extracción de gas del subsuelo europeo hace tiempo que decrece y la dependencia de las importaciones, aumenta. Las que vienen por tierra se complican, porque desde hace años los países extractores no son capaces de aumentar su extracción y crece su consumo interno (Rusia, Argelia). Y las importaciones marítimas son muy caras por el alto coste del modo de transporte en buques metaneros (EEUU, Qatar)[15].

La focalización sobre el encarecimiento de la electricidad muchas veces tapa una subida general de la energía en este siglo liderada por el alza (en términos históricos) del

---

13 Andaluz J., *Los obstáculos ante la transformación energética*, Ecologistas en Acción, 2021.

14 Fernández Durán R., González Reyes L., *En la espiral de la energía,* Libros en Acción, Baladre, Madrid, 2018.

15 González Reyes L., Almazán A., *Decrecimiento: del qué al cómo,* Icaria, Barcelona, 2023.

precio del petróleo. En realidad, hay que hablar de un precio del crudo mucho más fluctuante (descontando la Crisis del Petróleo de los años 70) y caro que en el resto de historia petrolera. Para explicar la evolución del precio del petróleo hay que recurrir a múltiples elementos que hacen que la dinámica sea compleja. Entre ellos, destacan los geológicos y los financieros[16].

El cambio de patrón en el precio del petróleo se produjo en 2005. Justo en ese año se alcanzó la capacidad máxima de extracción del petróleo convencional. El petróleo convencional es el que es más fácil extraer y tiene mejores prestaciones. Supone la inmensa mayoría del petróleo extraído a nivel histórico y la mayoría del que se extrae todavía hoy. El no convencional es el que tiene peores prestaciones y suele ser más difícil de extraer, como el que se encuentra en zonas como en aguas ultraprofundas o en el Ártico, el embebido en rocas poco porosas que hay que romper mediante técnicas como la fractura hidráulica, las arenas bituminosas de Canadá o el petróleo extrapesado de Venezuela. Para que la explotación de los no convencionales sea rentable, el precio del petróleo debe estar alto, pues su coste de extracción es mayor. El pico global del petróleo (convencional más no convencional) parece haberse alcanzado también, en 2018[17]. En todo caso, cuándo suceda este cénit es difícil de prever, pues depende de múltiples factores. Unos son geológicos (cantidad de reservas, estructura de los yacimientos, etc.) y otros humanos (legislaciones, resistencias sociales a la explotación, inversiones empresariales, innovación técnica, etc.).

Como apuntamos, el cénit de una sustancia no renovable es el momento a partir del cual empieza a descender la capacidad de extraerla. A partir de ese momento, el recurso podrá conseguirse en cantidades decrecientes, será de peor calidad (puesto que primero se explotan los mejores yacimientos) y será más difícil de conseguir (ya que al princi-

16 Fernández Durán R., González Reyes L., *En la espiral de la energía*, Libros en Acción, Baladre, Madrid, 2018.

17 Turiel A., *Petrocalipsis. Crisis energética global y cómo (no) la vamos a solucionar*, Alfabeto, Madrid, 2021.

pio se eligen los emplazamientos de más fácil extracción y de mayor tamaño). También se tienen que usar técnicas más contaminantes (como la fractura hidráulica) y, por lo tanto, más medidas paliativas. De este modo, una vez sobrepasado el pico del recurso, lo que resta es una extracción decreciente, de peor calidad y más difícil técnica y energéticamente. Todo ello implica una tensión hacia al aumento del precio, salvo importantes reducciones en la demanda, hasta chocar con el techo de precio asumible económicamente.

El pico del petróleo también implica una menor capacidad de controlar el flujo puesto en el mercado y, por lo tanto, una mayor facilidad para especular con él y con ello exagerar más las fluctuaciones de precios. Esta posibilidad especulativa se ha visto incrementada fruto de las políticas de fuerte desregulación de los mercados financieros características de la globalización. Es decir, que el escenario pospico es de precios fluctuantes alcanzando cotas altas. Es lo que vivimos desde 2005.

El resto de combustibles fósiles, por una parte, tienen asociado su precio al del petróleo, pues dependen de él en su proceso de extracción, procesado y distribución. Por otra, también están aquejados de síntomas que señalan que nos acercamos a su cénit de disponibilidad. Por ello, sus precios evolucionan de forma similar a los del crudo. En realidad, la dinámica es más general aún, pues multitud de minerales, imprescindibles para el funcionamiento de la tecnología moderna, están siguiendo la misma senda de precios impulsados por los mismos patrones.

Pero los cambios en los precios de la energía, al alza en general, tienen mucho que ver también con la geopolítica. Detrás de esto está que los recursos fósiles están cada vez más concentrados en unos territorios determinados. En unos casos, son regiones fuertemente tensionadas, como es el caso del suroeste asiático (Irán, Irak, etc.), en otros se encuentran en manos de rivales de la Unión Europea (Rusia, por ejemplo). De este modo, los cortes o reducciones de suministro desde algunas regiones por causas geopolíticas pueden tener, y de hecho tienen, fuertes repercusiones en los precios. El impacto de la guerra de Ucrania en el precio del gas y, de manera asociada, la electricidad en Europa ha sido claro.

Se ha escrito mucho sobre que las renovables vendrían a revertir este proceso, al menos en el sector eléctrico. Esto es algo improbable por varias razones: solo las usamos para producir electricidad, que en realidad supone menos de un quinto del consumo energético global, su intermitencia obliga a tener una potencia instalada mucho mayor y mecanismos de regulación de la red eléctrica más complejos, dependen para su construcción de los combustibles fósiles, son difíciles de almacenar, se presentan dispersas y pueden proporcionar una cantidad de energía bruta notablemente menor que la combinación del petróleo, el gas y el carbón[18].

En conclusión, el precio de la electricidad y de la energía en general sube no de forma coyuntural, sino estructural. Esto es consecuencia de las medidas neoliberales que han permitido sostener la cuenta de beneficios de las principales empresas del sector y, de manera más profunda, de la crisis energética debida a que los combustibles fósiles, que son inigualables en su densidad, disponibilidad, cantidad y transportabilidad, se están agotando.

Pero es necesario profundizar más en este análisis, pues la cuestión no es solo de carencia de medios económicos suficientes para obtener la energía y de encarecimiento de este recurso, sino de pérdida de autonomía. Si la población empobrecida tuviese capacidad de calentarse la casa sin recurrir al mercado no existiría la pobreza energética. De este modo, el proceso de desposesión característico del desarrollo del capitalismo[19] ha sido determinante en la conformación de poblaciones que dependen del salario para adquirir, entre otras cosas, vectores energéticos para climatizar las casas.

Analizando la pobreza, esta no solo depende de una falta de acceso a dinero y de una pérdida de capacidad de auto-

---

18 González Reyes L., Almazán A., *Decrecimiento: del qué al cómo,* Icaria, Barcelona, 2023.

19 Harvey D., *El nuevo imperialismo,* Akal, Madrid, 2007.

gestión de la vida, sino que también está directamente relacionada con la merma del tejido social. Personas con tejidos sociales densos tienen una probabilidad mucho menor de caer en situaciones de pobreza que aquellas que viven más atomizadas. Una de las señas de identidad del neoliberalismo ha sido una ruptura de los vínculos sociales desarrollándose un individualismo altamente competitivo.

Esta ruptura de los vínculos y la incapacidad asociada para cubrir los cuidados básicos es, además, uno de los elementos que caracterizan la crisis de cuidados vigente. Una crisis que muestra cómo la pobreza energética tiene mucho que ver también con nuestras sociedades patriarcales, pues son las mujeres quienes soportan en mayor medida estas situaciones y las que sostienen las familias en equilibrios más que precarios.

Otro factor detrás de la pobreza energética, más allá del que tiene que ver con las dificultades de acceso al recurso, es el de la infraestructura. No tiene las mismas necesidades de calefacción una casa bien aislada, que un piso mal construido. De este modo, la pobreza energética también es consecuencia de años de edificación de viviendas de mala calidad, algo que ha caracterizado el tsunami urbanizador español impulsado por la economía financiera[20].

Las necesidades de climatización en los hogares son altas no solo por la mala construcción, sino también fruto del nuevo clima, que tiene como una de sus características principales que es caótico y se encuentra plagado de sucesos meteorológicos extremos, entre los que destacan olas de calor que, año tras año, se hacen más persistentes y tórridas. Los consumos en los hogares en verano son ya en muchos casos superiores a los de invierno, impulsando los gastos energéticos anuales.

La infraestructura influye también en otro sentido. En la medida que habitamos en territorios tanto urbanos como rurales en los que los lugares de descanso, trabajo, ocio, con-

20 FERNÁNDEZ DURÁN R., *El tsunami urbanizador español y mundial*, Virus, Barcelona, 2006.

sumo o servicios que requerimos están en lugares distintos, las necesidades de transporte son altas. Este es otro formato de pobreza energética, no solo la climatización de los hogares o la cocina, sino también la posibilidad de transporte y las opciones para hacerlo (pública o privada, a motor o por medios humanos). De este modo, la pobreza energética también es una expresión de nuestro habitar extendido por el territorio, que a su vez ha sido una conformación posibilitada e impulsada por la industrialización, pues no hay capacidad de movilizar a largas distancias altos volúmenes en poco tiempo sin el concurso del petróleo.

De este modo, entender la pobreza energética requiere señalar al capitalismo y su fase actual neoliberal, a las crisis energética y climática, al metabolismo industrial, y al patriarcado y la crisis de cuidados. Todos elementos que van más allá de la coyuntura y que hablan de procesos estructurales.

2. Políticas para situar el consumo energético entre el suelo y el techo

¿Qué tipo de políticas energéticas nos permitirían superar el suelo social para que la población viva dignamente y, al tiempo, quedarnos por debajo del techo ambiental? Lanzamos unas cuantas propuestas organizadas de manera que las cuatro primeras muestran una transformación social estructural, mientras que las restantes persiguen responder a las urgencias del presente.

En primer lugar, es necesario cambiar el modelo energético no solo hacia energías renovables de alta tecnología, como las que se están desarrollando en la actualidad, sino hacia energías renovables realmente renovables emancipadoras (R3E). Esto permitiría encarar el problema del techo, pero también afrontar algunos de los elementos determinantes que están detrás de la pobreza energética, como la pérdida de autonomía de la población para garantizarse su consumo energético.

¿Qué características tienen las energías R3E? En primer lugar, son aquellas construidas con energía y materiales renovables. La principal inspiración en su diseño serían las plantas, que usan la energía solar a través de la fotosíntesis, pero también para bombear la savia hasta las hojas. La técnica de los vegetales es prodigiosa. Se autoconstruyen y se autorreparan, funcionan a temperatura ambiente, utilizan materiales abundantes, generan y sostienen un entramado de vida que les permite prácticamente cerrar los ciclos de la materia. De este modo, la base material de las R3E es la biomasa, a la que se unirían materiales abundantes, de cercanía, fácilmente reciclables y que se puedan obtener haciendo uso de energías renovables (el hierro cumple todos estos requisitos), y que no necesiten procesos de purificación (como el granito).

La segunda característica es que realizan trabajo directo y producen calor, no solo generan electricidad. Estamos hablando de paneles solares para calentar agua, quema de biomasa, molinos para producir trabajo, etc. Necesitamos un desarrollo ingenieril que aproveche los conocimientos generados durante las últimas décadas para dar un salto cualitativo en el uso de las energías renovables realizado en los periodos preindustriales y en las primeras décadas de la Revolución industrial, como los molinos hidráulicos.

Desde este doble prisma, la fuerte electrificación generalizada de la economía que se está poniendo en el centro de los actuales planes de transición energética se revela como una estrategia cuestionable, pues implica además un importante consumo de espacio, materiales y requiere la quema de combustibles fósiles para la fabricación e instalación de los sistemas de captación. Pero este enfoque general no significa que la electrificación no pueda y deba avanzar en algunos sectores concretos para reducir la combustión fósil, por ejemplo, en el transporte mediante tren eléctrico de baja velocidad.

En el mismo sentido, los seres humanos y otros animales[21] probablemente necesitemos volver a ser vectores

21 Esto abre una línea de reflexión imprescindible, en la que este trabajo no entra, sobre cómo realizar estas alianzas interespecies de manera que sean simbióticas y no basadas en la jerarquía.

energéticos clave por nuestra multifuncionalidad. Artesanía o agricultura serían sectores que podrían reducir drásticamente su huella ecológica gracias al uso de mano de obra, además de permitir un reencuentro con el placer del trabajo comunitario y no alienado. Eso sí, este trabajo necesario para sostener la sociedad tendría que repartirse equitativamente entre géneros, territorios y clases.

En tercer lugar, las energías R3E se integran en el funcionamiento de los ecosistemas de manera armónica. Es más, se apoyan en ellos, pues sin su concurso no se pueden desarrollar. En este sentido, un ejemplo de R3E es la navegación a vela, que usa los vientos marinos, más regulares que los terrestres, para desplazarse. Los molinos hidráulicos utilizan la energía potencial existente en el curso de bajada de los ríos, junto a la concentración de todo el agua recibida en el fondo del valle. La construcción bioclimática aprovecha el sol, la orientación y las corrientes para la refrigeración y la calefacción, haciendo uso de materiales de la zona. O la permacultura y los bosques comestibles se basan en los equilibrios ecosistémicos para alimentar (dotar de energía) a las personas y a muchos otros seres vivos.

El cuarto elemento es el principio de cosecha honorable[22]. Este es un concepto usado por las poblaciones indígenas norteamericanas que persigue una doble finalidad. Por un lado, dejar para el resto de seres vivos. Es decir, no acaparar toda la energía solar, ni siquiera una parte importante de dicha energía, pues esta es indispensable para el funcionamiento de los ecosistemas. Por otro lado, la cosecha honorable no solo persigue dejar para el resto, sino favorecer la expansión de la vida, por ejemplo tomando leña de los bosques a través de una entresaca que permita la regeneración de la masa arbórea y de otros tipos de vegetales y, con ello, enriqueciendo el ecosistema.

Una implicación importante del principio de cosecha honorable es que no va a ser posible sostener el nivel de con-

22 Kimmerer R.W., *Una trenza de hierba sagrada*, Capitán Swing, Madrid, 2021.

sumo energético de sociedades como la nuestra, pues éste es imposible sin acaparar grandes cantidades de energía. De este modo, socialmente se tendría que priorizar el suministro constante y abundante de los espacios imprescindibles (por ejemplo, un centro médico o una nevera comunitaria), mientras que el resto de usos de la energía tendrían que acoplarse a los ritmos naturales. Esto no quiere decir que no pueda haber nada de almacenaje, por ejemplo con madera o presas hidráulicas. Lo que implica es que para maximizar la capacidad de garantizar el suministro a lo indispensable, hay que minimizar los consumos. Además, si la biomasa se tiene que convertir en la principal fuente de calor, deberá usarse con mucha moderación, además de aumentar la superficie forestal.

La última de las características de las energías R3E es su control comunitario, sobre el uso y también sobre la técnica. Solo así podrán surgir sociedades realmente democráticas y justas. Esto implica técnicas sencillas y de cercanía (fabricadas con materiales y energías de proximidad), que se pueden denominar como «técnicas humildes»[23]. Desde este punto de vista, la generación distribuida, que implica instalaciones más pequeñas y próximas al lugar en el que se consume, permite a la población tener más posibilidades de controlar de forma democrática los recursos. También ofrece la ventaja de reducir las pérdidas en el transporte (al generarse donde se consume), y es por tanto un sistema que puede alcanzar un alto grado de eficiencia, especialmente si se trata de instalaciones comunitarias y no individuales.

La segunda idea sería la desmercantilizacion de la energía, es decir, pasar de obtener la energía mediante una transacción monetizada, a que de manera comunitaria controlemos su captación y su transformación. Esto respondería a varias de las causas detrás de la pobreza energética, como el empobrecimiento de la población, la tendencia al encarecimiento de la energía y la pérdida de autonomía de la población.

23 Almazán A. *et al., Técnicas humildes para el Decrecimiento,* Ecologistas en Acción, 2024.

Desmercantilizar la energía pasa por la puesta en marcha de miríadas de comunidades energéticas. Es decir, que la población se organice para conseguir al menos una fracción de la energía que necesita de manera autónoma. No solo pensemos en poner placas solares en los tejados de los edificios, que también, sino en muchos más mecanismos: suertes de leña en los entornos rurales, sistemas de generación de biometano para cocinar a partir de restos orgánicos de la comunidad, etc.

En tercer lugar, es imprescindible reducir la movilidad. Las ciudades son altamente demandantes de energía y poco autosuficientes. El periodo de energía barata y abundante supuso su crecimiento y un urbanismo segregado en usos, que progresivamente fue consolidando la pérdida de autonomía de los barrios y un incremento de la movilidad obligada para hacer frente a las actividades cotidianas (empleo, compras, ocio, cuidados, etc.). Las urbes han de rediseñarse con criterios de proximidad, como las «ciudades 15 minutos»[24], facilitando el acceso a las necesidades cotidianas en cercanía, fortaleciendo la vida comunitaria, la creación de refugios climáticos y la renaturalización de calles, plazas y terrazas. Todo ello debe estar, además, acompañado de iniciativas que quiten al automóvil privado su centralidad en la ciudad, dando paso a un urbanismo que ponga en el centro la vida comunitaria y el fortalecimiento del transporte público y el uso de la bicicleta. En el mismo sentido de generar cercanía, estaría la relocalización del sistema productivo para abastecer las necesidades básicas de la población.

También es necesario adaptar las demandas de recursos a la disponibilidad de energía, agua, suelo, minerales, etc. y a los contextos ecológicos de los territorios. Para maximizar la disponibilidad de energía realmente renovable, es necesario impulsar un sector primario de proximidad basado en la agroecología y en la restauración de suelos degradados.

---

24 La ciudad de los 15 minutos es una propuesta de planeamiento urbanístico que propone que la mayoría de los desplazamientos cotidianos puedan ser realizados a pie o en bicicleta en un cuarto de hora.

En esta consideración de los recursos consumidos, hay que tener en cuenta el consumo embebido en la fabricación de bienes, pues hay una «mochila energética» en todo lo que consumimos. El uso de técnicas humildes supondría una menor demanda de recursos minerales basados en el extractivismo y generadores de grandes impactos ecosociales. Una transición energética justa debe de tener en cuenta este aspecto, planificando la reducción de la demanda global de energía a escala global, aplicando criterios de redistribución y poniendo límites al uso de la «riqueza energética» a personas y territorios que la atesoran por encima de lo que permite vidas dignas a millones de personas. En un planeta con recursos limitados y en situación de sobreexplotación, todo aquello que no es universalizable es un privilegio y va en contra del bien común, la solidaridad y la justicia energética.

Mientras avanzamos hacia sociedades más justas, hay que poner en marcha un rescate energético[25] para asegurar un acceso a la energía suficiente a toda la población, mediante la puesta en marcha de bonos sociales de una forma equitativa por baremos de renta[26], facilitando la formación a la ciudadanía para entender la factura eléctrica y poder llevar a cabo medidas de ahorro energético. Es frecuente que las viviendas en zonas de menor renta sean de peor calidad, por lo que es importante realizar auditorías energéticas que incluyan medidas de eficiencia energética que reduzcan la demanda de energía de forma duradera y la creación de comunidades energéticas.

Además, el precio de la energía, como bien común que es, requiere de una reforma integral del sistema eléctrico actual de carácter oligopólico, especulativo e injusto, cuyo objetivo es el beneficio empresarial por encima del bien común. En este sentido, es necesario modificar el modelo tarifario del

25 Ecologistas en Acción, *Rescate energético,* Ecologistas en Acción, 2023.

26 Gros M., *Una tarifa social como respuesta ante la pobreza energética. Parte 2. La tarifa social térmica,* Ecologistas en Acción, 2022.

Montero S. *et al., Una tarifa social como respuesta a la pobreza energética,* Ecologistas en Acción, 2021.

mercado marginalista que fija los precios de la electricidad de forma arbitraria y que entorpece medidas enfocadas a la transición energética justa y la soberanía energética. En un contexto de crisis energética, dejar en manos del mercado el control del precio de la energía genera más pobreza energética y afectará progresivamente a las mayorías sociales. Es por ello necesario explorar propuestas que supongan suelos mínimos de acceso universal a la energía de forma desmercantilizada y techos máximos que pongan límite al acaparamiento energético por parte de las personas y territorios enriquecidos.

Dentro de esas políticas que permitan controlar la tendencia hacia el encarecimiento de la energía estaría su racionamiento, entendido como una serie de medidas que tienen como elemento común un reparto (no necesariamente igualitario) a toda la población de bienes escasos, lo que implica un tope en el consumo. Es una opción que implica al menos una desmercantilización parcial de la energía y suele estar asociado a una mayor redistribución que el mercado. Además, el racionamiento permite una reducción del consumo con criterios de resiliencia colectiva. Es decir, darle más capacidad de consumo a los sectores económicos estratégicos. Por ejemplo, no dejar sin carburante a la agricultura o a la pesca, sectores actualmente muy petrodependientes.

Pero la opción del racionamiento dista de ser ideal. Un ejemplo entre otros es que implica una parte indudable de coerción. La coerción puede ser ejerciendo la violencia (en sus distintas formas), pero también puede articularse a través de un consenso social de la necesidad de un reparto relativamente justo de recursos escasos, como lo fue en el pasado cuando se ha aplicado (por ejemplo, durante guerras y posguerras) o, poniendo un ejemplo más cercano, cuando asumimos quedarnos en nuestras casas durante la época más dura del COVID-19, porque entendíamos que esa restricción era por un bien común. En cualquier caso, el racionamiento sobre quien más ejerce coerción es sobre quien más tiene. Implica una mayor redistribución que el mercado, donde lo único que opera es la lógica del beneficio en la que gana quien más tiene.

En definitiva, entrar dentro de los márgenes existentes entre el techo ambiental y el suelo social requiere de cambios estructurales en el uso de la energía, pero también de medidas de urgencia para hacer frente desde ya a la pobreza energética.

Conclusiones

La transformación energética justa ha de partir de la aceptación de la situación de translimitación planetaria en la que nos encontramos y que va a suponer una menor disponibilidad energética a escala global. En este contexto, para asegurar vidas dignas para toda la población mundial, y permitir la reproducción de la biosfera de la que dependemos, es urgente y necesario plantear estrategias decrecentistas. Ante la evidencia física de que el modelo de crecimiento económico es muy exigente en el uso de la energía y ha chocado con los límites planetarios, la opción más sensata y justa es fomentar una cultura de suficiencia material (techo ecológico) y un reparto de recursos que aseguren la cobertura de las necesidades básicas de todas las personas (suelo social).

La pobreza energética es una de las caras de la desigualdad que impone un modelo estructuralmente injusto y que conlleva la depauperización de la población. Pero detrás de ella, también está el encarecimiento de los recursos como resultado de la crisis energética, los procesos especulativos promovidos por los oligopolios energéticos y el sistema financiero, o las crisis geopolíticas. A esto se suma la falta de autonomía de la población para conseguir la energía que necesita, el modelo urbanístico que requiere una alta movilidad y consumo energético en climatización, o el propio cambio climático. Todo ello está detrás del fenómeno de la pobreza energética, que es multicausal.

En este contexto, las renovables no van a ser la panacea energética, debido a varios motivos: solo las usamos para producir electricidad, que en realidad supone alrededor de un quinto del consumo energético global, su intermitencia, dependen para su construcción de los combustibles fósiles, son difíciles de almacenar, se presentan dispersas y pueden proporcionar una cantidad de energía bruta notablemente menor que la combinación del petróleo, el gas y el carbón. Además, tienen también límites físicos, pues dependen de minerales estratégicos escasos que tienen detrás el modelo extractivista, en especial en el sur global.

Ante esto, lanzamos varias propuestas organizadas de mayor a menor capacidad de transformación estructural:

- Cambiar el modelo energético hacia energías renovables realmente renovables emancipadoras (R3E).
- Desmercantilizar la energía, es decir, pasar de obtener la energía mediante una transacción monetizada, a que de manera comunitaria controlemos su captación y su transformación.
- Reducir la movilidad, lo que implica transformar el modelo de habitar (ciudades) y económico (globalización).
- Adaptar las demandas de recursos a la disponibilidad de energía, agua, suelo, minerales, etc. y a los contextos ecológicos de los territorios. Para maximizar la disponibilidad de energía realmente renovable, es necesario impulsar un sector primario de proximidad basado en la agroecología y en la restauración de suelos degradados.
- Poner en marcha medidas de rescate energético para asegurar un acceso a la energía suficiente a toda la población.
- Reformar la formación del precio de la energía, modificando el modelo tarifario del *mercado marginalista*.
- Racionar la energía, entendido el racionamiento como una serie de medidas para el reparto (no necesariamente igualitario) a toda la población de bienes escasos, lo que implica un tope en el consumo.

En definitiva, entrar dentro de los márgenes existentes entre el techo ambiental y el suelo social requiere de cambios estructurales en el uso de la energía, pero también de medidas de urgencia para hacer frente desde ya a la pobreza energética.

PARTE II

EL DERECHO AL AGUA EN UN CONTEXTO DE SEQUÍA. PRIORIZACIÓN DE USOS Y UNA ÉTICA DE LAS RESTRICCIONES

CAPÍTULO 3

El derecho humano al agua: estatuto jurídico, reconocimiento normativo y mecanismos para garantizar su asequibilidad

Iván Rodríguez Florido
Investigador postdoctoral Universitat Pompeu Fabra
ivan.rodriguez@upf.edu

Introducción

En la constante lucha por la conquista de los derechos humanos, uno de los hitos más relevantes de las últimas décadas ha sido el reconocimiento del derecho al agua. A lo largo de los siglos, los recursos hídricos han sido esenciales para la humanidad, pero históricamente se han asociado a situaciones de abundancia, sin prestar demasiada atención a su disponibilidad. Esta concepción ha cambiado en las últimas décadas, especialmente debido a fenómenos como la globalización, el cambio climático y el crecimiento poblacional exponencial. Actualmente, el agua se concibe como un recurso escaso cuya trascendencia para la vida humana exige su regulación y protección, tanto para la sociedad contemporánea como para garantizar su disponibilidad a las generaciones futuras.

1. Contenido del derecho humano al agua

En la Declaración Universal de los Derechos Humanos (DUDH) de 1948 no se incluye una mención específica al agua, sin embargo, el recurso hídrico ha sido conceptualizado como una herramienta transversal necesaria para el cumplimiento de otros bienes jurídicos que sí tienen un reconocimiento expreso. En este sentido, el derecho al agua se ha vinculado con los derechos a un nivel de vida adecuado que asegure la salud y el bienestar, una alimentación adecuada, así como el derecho a la vivienda, todos ellos reconocidos en el artículo 25 de la DUHD[1].

Dicho precepto ha configurado la base para la construcción de un auténtico derecho al agua, un reconocimiento paulatino en el ordenamiento jurídico internacional en cuyo proceso cabe destacar, entre otros[2], la Declaración de Mar del Plata, adoptada en ocasión de la Conferencia de las Naciones Unidas sobre el Agua de 1977, cuyo preámbulo proclamó que «todas las personas, sin importar su estado de desarrollo y su condición económico social, tienen el derecho a acceder a agua potable en cantidad y calidad equivalente para cubrir sus necesidades básicas»[3]. El reconocimiento de este

1 Derechos reconocidos en idénticos términos en el artículo 11 del Pacto Internacional de Derecho Económicos, Sociales y Culturales de 1966 (PIDESC). Al respecto cabe destacar la importancia de la Observación General núm. 15 (2002): El derecho al agua (artículos 11 y 12 del PIDESC), E/C.12/2002/11, ONU: Comité de Derechos Económicos, Sociales y Culturales (CESCR), de 20 enero 2003.

2 También cabe mencionar la Carta Europea del Agua, redactada en Estrasburgo el 6 de mayo de 1968 y aprobada por el Consejo de Europa, que proclamaba que «no hay vida sin agua», remarcando que estamos ante un bien jurídico que debe ser considerado «un tesoro indispensable para toda actividad humana».

3 Así mismo, entre otros hitos de dicho proceso, cabe destacar la Conferencia Internacional sobre el Agua y el Medio Ambiente, celebrada en Irlanda en 1992 y promovida por las Naciones Unidas, en la que se adoptó la Declaración de Dublín sobre el agua y el desarrollo sostenible. También cabe mencionar el papel del agua en los Objetivos de Desarrollo del Mileno pactados en el año 2000, una meta del objetivo relativo a garantizar la sostenibilidad del medio ambiente pretendía reducir a la mitad el porcentaje de personas sin acceso al agua potable y los

derecho obtuvo un impulso importante en marzo de 2008 con la creación de un Experto independiente sobre las obligaciones relativas al acceso al agua y al saneamiento, cargo que actualmente ostenta la categoría de Relatoría especial de la ONU[4].

El clímax de este proceso se alcanzó en el año 2010 con el reconocimiento del derecho humano al agua potable y al saneamiento por parte de la Asamblea General de la ONU mediante su célebre resolución 64/292[5]. Esta declaración se produce al constatar que, aproximadamente, 884 millones de personas en el mundo carecían de acceso a agua potable y más de 2.600 millones de personas no tenían acceso al saneamiento básico por aquel entonces. Este reconocimiento al derecho humano al agua se enmarca en los denominados derechos de tercera generación, conocidos también como derechos de la solidaridad o derechos humanos emergentes[6].

servicios básicos de saneamiento (el saneamiento se incorporó como meta en el 2004). El objetivo se alcanzó en 2010 en lo concerniente al agua potable, consiguiendo en 2015 que el 91 % de la población mundial tuviese acceso a una fuente de agua potable mejorada, frente al 76 % de 1990. En cambio, el objetivo relativo al saneamiento se quedó 9 puntos porcentuales por debajo del objetivo. *Vid.* OMS y Unicef. *Informe 2015 del PCM sobre el acceso a agua potable y saneamiento: datos esenciales*, 2015. Así mismo, cabe resaltar que la Asamblea General de las Naciones Unidas proclamó el período 2005-2015 como el Decenio Internacional para la Acción: «El agua, fuente de vida», *vid.* Resolución A/RES/58/217, de 9 de febrero de 2004.

4 Dicha figura se creó a iniciativa de España y Alemania. Tras la declaración del respectivo derecho humano al agua y al saneamiento, se modificó, en marzo de 2011, la denominación de este cargo, pasando a llamarse Relator Especial sobre el derecho humano al agua potable y al saneamiento.

5 Sobre el derecho humano al agua se recomienda CALVETE MORENO, A. «El derecho humano al agua». En TORNOS MAS, J. (coord.), *El servicio de abastecimiento de agua en España, Francia e Italia*, Madrid: Iustel, 2018, pág. 59-93; SAURA ESTAPÀ, J. «El derecho humano al agua potable y al saneamiento en perspectiva jurídica internacional» en *Derechos y Libertades Revista de Filosofía del Derecho y derechos humanos*, núm. 26, 2012, pág. 145-160.

6 Este derecho humano al agua y al saneamiento se encuentra protegido por el Protocolo Opcional del PIDESC, que entró en vigor en 2013 y que creó un mecanismo de denuncia que permite presentar denuncias

A la citada Resolución 64/292, que reconoció el derecho humano al agua[7], la han seguido otras de especial interés que han configurado y perfilado su contenido jurídico[8]. En este sentido, el derecho humano al agua abarca las conocidas como «4 A»: *availability, accessibility, acceptability y adaptability*, esto es, se pretende garantizar una calidad mínima, una cantidad suficiente, un precio asequible, una participación ciudadana y una accesibilidad de todos los grupos sociales, especialmente para aquellos colectivos más vulnerables.

La disponibilidad implica que el abastecimiento a la ciudadanía debe ser continuo e ininterrumpido de forma suficiente para los usos personales y domésticos, contemplando, entre otros, el consumo, el saneamiento y la higiene personal y doméstica. Por parte de la Organización Mundial de la Salud (OMS) se estima que el acceso básico comprende un promedio de entre 50 y 100 litros de agua por persona y día, cifra que varía en función del clima, nivel de actividad y circunstancias particulares, pero que se reputa suficiente para que no surjan amenazas para la salud de las personas.

Más allá de la cantidad suficiente, es importante que el agua disponible tenga unas condiciones mínimas de calidad, que sea salubre y no contenga microrganismos o sustancias

formales sobre violaciones de estos derechos. *Vid.* ONU *Protocolo Facultativo del Pacto Internacional de Derechos Económicos, Sociales y Culturales*, Resolución aprobada por la Asamblea General el 10 de diciembre de 2008 (A/RES/63/117).

7 En este trabajo se utilizará la denominación «derecho humano al agua» para referirse de forma conjunta al abastecimiento al agua potable y al saneamiento.

8 Al respecto cabe destacar las Resoluciones de la Asamblea General A/RES/68/157, de 18 de diciembre de 2013, y A/RES/70/169, de 17 de diciembre de 2015, ambas sobre «los derechos humanos al agua potable y el saneamiento», y las Resoluciones del Consejo de Derechos Humanos 24/18, de 27 de septiembre de 2013, y 27/7, de 25 de septiembre de 2014. También cabe mencionar el *Fact Sheet* núm. 35 «The Right to Water» de las Naciones Unidas, ACNUDH, ONU-Hábitat, OMS, aprobado en 2010, en el cual se ha concretado el contenido de este derecho humano. El contenido del derecho también se encuentra en la citada Observación General núm. 15 (2002).

químicas que puedan comportar un riesgo para las personas. Incluso se exige que el agua sea aceptable en el sentido de presentar un color, olor y sabor que resulte adecuado para los usos personales o domésticos.

Otro de los grandes objetivos del derecho humano al agua es garantizar su accesibilidad, esto es, que tanto el recurso como las instalaciones y los servicios que emanan del mismo resulten accesibles para todas las personas, sin discriminación alguna. Esta accesibilidad se presenta básicamente en cuatro vertientes: física[9], económica, social e informativa.

La asequibilidad económica implica que tanto las instalaciones como los servicios vinculados al agua estén disponibles y resulten accesibles para todos, incluso para aquellos colectivos vulnerables o con menos recursos. En este sentido, la OMS estima que los costes vinculados a los servicios del agua no deberían superar el 3 % de los ingresos del hogar. La asequibilidad no debe interpretarse como gratuidad en el acceso con carácter general por parte de toda la ciudadanía. La propia Relatoría especial del agua de la ONU reconoció que es necesario «el pago de tarifas para garantizar la sostenibilidad de la prestación del servicio»[10]. Por lo tanto, la asequibilidad se cumple garantizando que nadie pueda verse privado del acceso a los servicios del agua por no tener la capacidad o los recursos suficientes para pagarlos, y ello se traduce en una adecuada configuración de las políticas tarifarias y la previsión de mecanismos de protección social.

---

9 Según la OMS, el acceso a las fuentes de agua debe encontrarse a menos de 1.000 metros y el tiempo para recogerla no debe superar los 30 minutos. En este sentido, se estima que la distancia media que camina una mujer en África y Asia para acceder al agua es de 6 quilómetros. *Vid.* ACNUDH, ONU-Hábitat, OMS. *The Right to Water* (...) *op. cit.*

10 *Vid.* Albuquerque, C. *Informe de la Experta independiente sobre la cuestión de las obligaciones de derechos humanos relacionadas con el acceso al agua potable y el saneamiento*, de 29 de junio de 2010 (ref. A/HRC/15/31), pág. 18.

Sobre este derecho humano al agua, tal y como sucede en otros ámbitos, se exige que los Estados adopten un triple enfoque: respetar, proteger y garantizar. En la primera de las acciones, absteniéndose de obstaculizar directa o indirectamente el acceso al derecho al agua, por ejemplo, a través de la contaminación de los recursos hídricos, cortes arbitrarios de los servicios o reducciones de las cantidades mínimas para las necesidades básicas. En segundo lugar, protegiendo el derecho al agua impidiendo las injerencias de terceros y adoptando las normativas necesarias para su cumplimiento. Y, en tercer lugar, realizando cuantas medidas sean necesarias, administrativas o normativas, para garantizar el efectivo acceso al derecho al agua.

Por último, en cuanto a la prestación de los servicios de agua, cabe reconocer que bajo el prisma de los derechos humanos existe una neutralidad en lo relativo a las formas de prestación y gestión de estos[11]. Lo relevante a efectos del derecho humano es que se cumplan los estándares míni-

11 Así se ha afirmado, entre otras, en: ALBUQUERQUE, C. Informe de la Experta independiente sobre la cuestión de las obligaciones de derechos humanos relacionadas con el acceso al agua potable y el saneamiento, de 29 de junio de 2010 (ref. A/HRC/15/31), apdo. 15. Sin embargo, una visión crítica de esta neutralidad en cuanto a la tipología de proveedores y modelos de prestación de servicios de agua y saneamiento puede verse en el informe del Relator Especial de dichos servicios, *vid.* HELLER, L. *Los derechos humanos y la privatización de los servicios de agua y saneamiento*, Resolución A/75/208, de 21 de julio de 2020. En dicho informe se afirma que existen riesgos específicos en los casos de privatización, especialmente por la combinación de los factores relativos a la maximización de los beneficios, el monopolio natural de dichos servicios y los desequilibrios de poder. El informe aplica el término 'privatización' en un sentido amplio, reconociendo que existen diferentes tipologías, desde la 'desinversión total' en la que todos los activos pertenecen íntegramente a sujetos privados, hasta fórmulas de colaboración público-privadas mediante contratos de concesión o arrendamiento. Así mismo, reconoce que no tiene por objeto realizar «un análisis comparativo exhaustivo entre el suministro privado y público, ni presupone que uno sea más o menos capaz de hacer efectivos los derechos humanos al agua y el saneamiento que el otro», sino identificar los riesgos específicos de la privatización (apdo. 7).

mos indicados anteriormente y se garantice su acceso en condiciones aceptables, con independencia de la forma de prestación pública o privada, sin perjuicio de los respectivos riesgos.

En la actualidad las metas relativas al derecho humano al agua se encuentran principalmente en el Objetivo de Desarrollo Sostenible (ODS) número 6, de la Agenda 2030 impulsada por la ONU[12]. En dicho objetivo se pretende, entre otros, asegurar el acceso universal y equitativo al agua potable a un coste asequible, garantizar servicios de saneamiento e higiene adecuados y equitativos, mejorar la calidad del agua, aumentar considerablemente la eficiencia en el uso de los recursos hídricos, implementar una gestión integrada y proteger y restaurar los ecosistemas acuáticos, todo ello promoviendo la sostenibilidad ambiental y el bienestar humano a nivel global.

En lo relativo a España y el cumplimiento del referido ODS número 6, según datos del Instituto Nacional de Estadística (INE), se estima que en 2022 el 85,5 % de la población recibe el suministro con cobertura del sistema nacional de aguas de consumo y el 95 % está conectado a un sistema de colectores de conformidad con la normativa comunitaria. Sin perjuicio de ello, la realidad es que existen diversos indicadores sobre los cuales todavía no constan datos y se están explorando fuentes para su recopilación, tales como los relativos al grado de gestión integrada de los recursos hídricos, el cambio en el uso eficiente de los recursos o la protección y el restablecimiento de los ecosistemas relacionados con el agua.

12 Sin perjuicio de otros objetivos también vinculados al agua, tales como el ODS núm. 1 relativo a la erradicación de la pobreza, dado que una de las metas pretende garantizar el acceso a los servicios básicos y los recursos naturales, o el ODS núm. 3 relativo a la salud y el bienestar que, entre otros, pretende evitar las enfermedades transmitidas por el agua o la contaminación de los recursos hídricos.

2. La regulación del agua en el Derecho de la Unión Europea y en el ordenamiento interno español

En el Derecho de la Unión Europea (UE) el interés sobre los recursos hídricos ha versado especialmente en la vertiente ambiental y su debida protección[13]. A través de las políticas de la UE en materia de medio ambiente[14] se han adoptado diversas normas para garantizar una gestión adecuada de los recursos hídricos.

En este punto destaca por su trascendencia la Directiva 2000/60/CE del Parlamento Europeo y del Consejo, de 23 de octubre de 2000, por la que se establece un marco comunitario de actuación en el ámbito de la política de aguas, denominada Directiva Marco Europea del Agua (DMA)[15]. Dicha norma parte de la consideración de que «el agua no es un bien comercial como los demás», sino que estamos ante un patrimonio que se debe proteger, defender y tratar como tal. Entre otras cuestiones, la DMA reconoce que el abastecimiento es un servicio de interés general e impone unos principios fundamentales para la gestión del agua, tales como la protección y uso sostenible, la recuperación de costes y el de quien contamina paga.

Así mismo, cabe destacar la aprobación de la Directiva (UE) 2020/2184 del Parlamento Europeo y del Consejo, de

13 En la Carta de los Derechos Fundamentales de la Unión Europea (2010/C 83/02) no se menciona expresamente el derecho al agua, sin perjuicio de prever determinados derechos vinculados al mismo, tales como la protección de la salud (art. 35) y el principio de desarrollo sostenible para la protección del medioambiente y la mejora de su calidad (art. 37).

14 Artículos 191 a 193 del Tratado de Funcionamiento de la Unión Europea. Al respecto destacar la Resolución del Parlamento Europeo, de 8 de septiembre de 2015, sobre el seguimiento Iniciativa Ciudadana Europea Right2Water (2014/2239(INI)) con importantes consideraciones sobre el derecho al agua en el ámbito de la Unión Europea.

15 También debemos destacar la Directiva 91/271/CEE del Consejo, de 21 de mayo de 1991, sobre el tratamiento de las aguas residuales urbanas, una normativa esencial en la materia, sobre la cual todavía constan diversos incumplimientos por parte de los Estados miembros, entre ellos España (STJUE, de 25 de julio de 2018, dictada en el asunto C-205/17 España c. Comisión Europea, ECLI:EU:C:2018:606).

16 de diciembre de 2020, relativa a la calidad de las aguas destinadas al consumo humano, que pretende garantizar el derecho al agua y cumplir con el ODS número 6 en cuanto al agua en la medida de sus competencias[16]. El objetivo principal de dicha Directiva es proteger la salud de las personas de los efectos adversos derivados de cualquier tipo de contaminación de las aguas destinadas al consumo humano garantizando su salubridad y limpieza, así como mejorar su acceso imponiendo, entre otras cuestiones, la obligación de adoptar medidas que garanticen el acceso por parte de colectivos vulnerables y marginados, o el fomento de la utilización del agua del grifo y la instalación de «equipos de exterior y de interior en espacios públicos» (art. 16 de la Directiva 2020/2184).

En el ordenamiento jurídico interno en el Estado español todavía no se ha producido un amplio reconocimiento estatutario, ni mucho menos constitucional, del derecho al agua de forma explícita. Sin perjuicio de ello, su existencia resulta implícita en otros preceptos y emana de la conexión con otros derechos reconocidos en la Constitución (CE), tales como el derecho fundamental a la vida y a la integridad física y moral (art. 15 CE), el derecho a la protección de la salud (art. 43 CE), el derecho a disfrutar de un medio ambiente adecuado para el desarrollo de la persona (art. 45 CE) e incluso el derecho a una vivienda digna (art. 47 CE)[17].

---

16 Al respecto el considerando 33 de la Directiva 2020/2184 reconoce que algunos de los ODS y el derecho al agua no forman parte «ni de la política medioambiental de la Unión ni de su política social, cuya naturaleza es limitada y complementaria». Sin perjuicio de ello, se adopta una serie de medidas que tratan de respetar el principio de subsidiariedad.

17 *Vid.* Menéndez Rexach, Á., «El derecho al agua en la legislación española», en Agudo González, J., *El derecho de aguas en clave europea*, Madrid: La Ley, 2010, pág. 30. En el ámbito autonómico no encontramos demasiados reconocimientos del derecho al agua. Podemos destacar la reforma del Estatuto de Autonomía de la Comunidad Valenciana de 2006, cuyo art. 17 recogía un «derecho al agua» en lo relativo a la disponibilidad suficiente para el abastecimiento y la redistribución de aguas de cuencas excedentarias (interpretado en las sentencias del TC núm. 247/2007, de 12 de diciembre, ECLI:ES:TC:2007:24; y núm. 249/2007, de 13 de diciembre, ECLI:ES:TC:2007:249, recordando la diferencia entre los derechos subjetivos y los principios rectores

A criterio de determinada doctrina, entre otros, Irujo Embid, Menéndez Rexach o Blanes Climent, resultaría necesario el reconocimiento expreso en nuestro ordenamiento jurídico de un «derecho subjetivo al agua», en el sentido de una pretensión jurídicamente exigible al acceso al agua potable y al saneamiento en unas determinadas condiciones de cantidad y asequibilidad en el precio[18].

Sin perjuicio de las consecuencias que un reconocimiento expreso podría suponer, la realidad es que actualmente en nuestro ordenamiento jurídico interno el derecho al agua está ampliamente satisfecho y garantizado. Ello es así, en primer lugar, porque el agua como recurso natural es un bien de titularidad pública y forma parte de los bienes demaniales de las administraciones públicas, circunstancia por la cual constituye un recurso inalienable, inembargable e imprescriptible[19]. Se configura por tanto un dominio

derivados de la cláusula del Estado social). También se reconoció el derecho al agua en el art. 19 del Estatuto de autonomía de Aragón, aprobado en 2007 (también se impugnó ante el TC, resuelto STC núm. 110/2011, de 22 de junio, ECLI:ES:TC:2011:110).

18 *Vid.* Embid Irujo, A., «La política de aguas y su marco jurídico», en *Revista Aranzadi de Derecho Ambiental*, 2008, núm. 14; Menéndez Rexach, Á. «El derecho al agua en la legislación española», en *Anuario da Facultade de Dereito da Universidade da Coruña*, 2011, núm. 15; y Blanes Climent, M. «Futuro regulatorio y competencias de la administración en el ciclo integral del agua». En Benito López, M. Á. (Dir.) *Agua y Derecho. Retos para el siglo XXI.* Navarra: Aranzadi, 2015, págs. 317-330. Al respecto Embid Irujo afirma que «aun cuando ello no sería una exigencia imprescindible, parece razonable que una Ley de Aguas reformada sustancialmente contuviera algún tipo de apelación al contenido de un derecho al agua más amplia de la actual referencia al 'precio asequible' en los suministros urbanos que es, desde luego, necesaria como primer punto de partida». *Vid.* Embid Irujo, A. «Derecho al agua». En Embid Irujo, A (Dir.) *Diccionario de Derecho de Aguas,* Madrid: Iustel, 2007, págs. 568-569.

19 Los bienes demaniales son aquellos integrantes del dominio público y que se encuentran afectados al uso general o al servicio público. Tal demanialización se llevó a cabo mediante la Ley 29/1985, de 2 de agosto, de Aguas, y comportó que las aguas pasasen a formar parte de los bienes de dominio público y se encuentren subordinadas al interés general. Dicha circunstancia está actualmente regulada en el Real Decreto Legislativo 1/2001, de 20 de julio, por el que se aprueba el texto refundido de la Ley de Aguas.

público hidráulico sobre los cuales el derecho al uso privativo requiere de una disposición legal al respecto o la obtención de una concesión administrativa.

En segundo lugar, los servicios urbanos del agua tienen legalmente la categorización de servicios públicos, circunstancia por la cual tanto su configuración como su prestación recaen bajo la responsabilidad de la Administración Pública[20]. Estamos ante servicios públicos preeminentemente municipales y de prestación mínima obligatoria, y que incluso pueden ser exigidos por cualquier vecino al amparo de la acción vecinal reconocida en la normativa del régimen local[21]. En este sentido, son múltiples los pronunciamientos jurisprudenciales que reconocen el derecho de los vecinos a obtener de las administraciones prestaciones relativas a los servicios urbanos del agua[22].

---

20 Recordemos al respecto que, como mínimo desde 1955 y la aprobación del Decreto de 17 de junio de 1955 por el que se aprobó el Reglamento de Servicios de las Corporaciones locales, las entidades locales tienen potestades exorbitantes sobre sus respectivos servicios públicos incluso ante los supuestos de gestión indirecta.

21 Así se prevé en la Ley 7/1985, de 2 de abril, Reguladora de las Bases del Régimen Local (LBRL), que reconoce la competencia municipal sobre el «abastecimiento de agua potable a domicilio y evacuación y tratamiento de aguas residuales» (art. 25.2 LBRL), su condición de servicio mínimo obligatorio en todos los municipios (art. 26.1.a) LBRL) y la reserva en favor de las entidades locales de las actividades y servicios de «abastecimiento domiciliario y depuración de aguas» (art. 86.2 LBRL). En cuanto a la acción vecinal, recordemos que el art. 18.1 LBRL reconoce como derecho de todos los vecinos la posibilidad de «exigir la prestación y, en su caso, el establecimiento del correspondiente servicio público, en el supuesto de constituir una competencia municipal propia de carácter obligatorio».

22 A modo de ejemplo, la STS núm. 547, de 25 de abril de 1989 (ECLI:ES:TS:1989:2645) estimó el recurso de un vecino ante la negativa de un ayuntamiento a corregir las deficiencias del servicio de evacuación de aguas residuales, obligando al municipio a incluir en sus presupuestos la partida necesaria para hacer frente a las obras necesarias para poner fin a la situación. Así mismo, la STS de 21 de noviembre de 1996 (rec. 1885/1993, ECLI:ES:TS:1996:6531) reconoció el derecho subjetivo de un vecino a recibir la prestación del servicio de abastecimiento solicitado, en tanto es un servicio obligatorio. En el mismo sentido, STSJ de la Comunidad Valenciana núm. 1274/2005, de 11 de noviembre de 2005 (rec. 1648/2003, ECLI:ES:TS:1996:6531).

Así mismo, el derecho humano también se satisface al prever, con carácter imperativo en la normativa de aguas, que en el orden de prelación de usos de los recursos hídricos el abastecimiento de la población ocupa el primer lugar[23]. La prelación de usos resulta todavía más importante en un contexto de emergencia hídrica y de escasez acuciante de los recursos. La normativa al respecto es clara y no deja margen de actuación por parte de las administraciones hidráulicas, en tanto que el abastecimiento a la población siempre debe ser el uso preminente y prioritario.

A nivel autonómico cabe reconocer que Andalucía fue pionera en el reconocimiento del derecho humano al agua mediante la incorporación en 2018 de la disposición adicional decimosexta a la Ley 9/2010, de 30 de julio, de Aguas para Andalucía. En dicha disposición se proclamó el «derecho humano al agua como mínimo vital», si bien su contenido concreto está a expensas de un desarrollo reglamentario que todavía no se ha producido[24], circunstancia por la cual estamos ante una declaración que ha quedado en «agua de borrajas» por el momento.

---

23 En este sentido se prevé en el art. 60.2 del Real Decreto Legislativo 1/2001, de 20 de julio, por el que se aprueba el texto refundido de la Ley de Aguas relativo al orden de preferencia de usos. Dicho precepto se remite a los respectivos planes hidrológicos para la determinación de la prelación concreta, sin perjuicio de exigir que el abastecimiento de población «incluyendo en su dotación la necesaria para industrias de poco consumo de agua situadas en los núcleos de población y conectadas a la red municipal» sea respetado en cuanto a su supremacía.

24 El reconocimiento de este derecho se realiza al amparo de los principios de utilización solidaria del agua, de igualdad de trato y de protección de la salud de los usuarios, así como la finalidad de atender a las necesidades básicas de consumo doméstico a un precio asequible. Por ello, se reconoce la «garantía y protección del derecho humano al agua entendido como el acceso universal, de carácter domiciliario y a un precio accesible y unitario, de un volumen de agua apta para el consumo humano para atender las necesidades básicas, así como al saneamiento». Sin embargo, las condiciones de prestación y acceso al derecho humano al agua, concebido como mínimo vital, así como las bonificaciones de las personas en situación de pobreza y riesgo de exclusión, quedan pendientes del respectivo desarrollo reglamentario.

Más recientemente debemos destacar la normativa aprobada en la Comunidad Valenciana a través de una modificación de la Ley 5/2022, de 29 de noviembre, de residuos y suelos contaminados para el fomento de la economía circular. Para tratar de reducir el consumo de envases desechables y garantizar el derecho humano al agua, se exige que las administraciones públicas autonómicas y locales de la *Comunitat*, con independencia de la forma de gestión de los servicios: i) fomenten el consumo de agua potable y gratuita en sus dependencias y espacios públicos; ii) promuevan el suministro de envases o vasos reutilizables; iii) impulsen la instalación y el mantenimiento correcto de fuentes públicas y gratuitas de agua potable en los espacios públicos abiertos; iv) desarrollen campañas informativas y de promoción del consumo del agua potable del grifo.

Por todo ello se puede afirmar que, con carácter general, en nuestro ordenamiento jurídico el derecho humano al agua está plenamente garantizado y que, si bien no contamos con una legislación básica sobre estos servicios o una declaración jurídica expresa de este derecho, los estándares jurídicos exigidos internacionalmente se cumplen holgadamente.

3. Los mecanismos para garantizar el derecho humano al agua, especialmente en contextos de sequía y emergencia climática

Sin perjuicio de lo indicado anteriormente, la realidad es que el derecho humano al agua comporta mucho más que la configuración de los respectivos servicios y presenta severos riesgos que exigen una acción constante y vigilante por parte de los poderes públicos. Con carácter general, el principal reto del sector del agua es garantizar a corto y largo plazo su sostenibilidad, recordemos que estamos ante un bien medioambiental limitado, esencial y escaso que debemos asegurar a las generaciones futuras. Se trata de garantizar la seguridad hídrica tanto presente como futura, esto es, la provisión de agua en una cantidad adecuada, suficiente, asequible y cualitativamente aceptable para la salud y el bienestar de la ciudadanía, así como la debida conservación de los ecosistemas y recursos medioambientales implicados.

En este sentido, nos encontramos con que España es uno de los países más vulnerables al cambio climático de la Unión Europea[25], presenta uno de los niveles más elevados de estrés hídrico de la zona europea[26] y se estima que tres cuartas partes del territorio son susceptibles de desertificación por razones climáticas[27]. Todo ello comporta que resulte más acuciante que nunca afrontar los distintos retos detectados en el sector, tales como la escasez de agua en diversas partes del territorio, el incumplimiento de la normativa europea en materia de depuración, las pérdidas de agua en la red de distribución, los déficits de inversión de las redes e instalaciones de los servicios, el incumplimiento del principio de recuperación de costes o la politización en la gestión[28].

---

25 *Vid.* European Environment Agency. *Climate change, impacts and vulnerability in Europe. Report Num. 1/2017.* Luxemburgo: Publications Office of the European Union, 2017.

26 El estrés hídrico es un indicador que refleja la escasez de agua mediante una relación entre el total de agua extraída y los recursos de agua disponible. Se da estrés hídrico cuando la demanda de agua es superior a la cantidad disponible durante un período determinado de tiempo o cuando el uso se ve restringido por su baja calidad. En el Informe examen nacional voluntario de España de 2018, en relación con el ODS núm. 6, se reconoce que «el problema más acuciante es el estrés hídrico, cuyo indicador 6.4.1. es del 20,6 % (el cociente entre los recursos utilizados y el total disponible a largo plazo), uno de los mayores de la Unión Europea. (...) Según datos de la Agencia Española de Meteorología, de 1980 a 2010 las precipitaciones disminuyeron un 18 %, superando las modelizaciones predictivas». *Vid.* Gobierno de España. Informe examen nacional voluntario de España de 2018, *online*, pág. 50.

27 *Vid.* Sanjuán, M.E. et al., 2014. *Evaluación y seguimiento de la desertificación en España: Mapa de la Condición de la Tierra 2000-2010.*

28 Para una exposición más detallada sobre los distintos retos me remito al capítulo seis de Rodríguez Florido, I. *Los servicios urbanos del agua y su organización administrativa: el debate sobre una autoridad reguladora*, Aranzadi, 2023, págs. 193-236. La politización en la gestión se manifiesta, por ejemplo, en el detectado efecto ciclo político en la aprobación de tarifas por Picazo-Tadeo, A.; González-Gómez, F. y Suárez-Varela, M. «Electoral opportunism and water pricing with incomplete transfer of

Sin perjuicio de abordar los aspectos estructurales y necesarios en la regulación del sector, garantizar el derecho humano al agua también comporta que se asegure la accesibilidad a toda la ciudadanía con independencia de su nivel adquisitivo o situación económica. En este sentido, la tarificación de los servicios del agua, si bien debe contemplar que estamos ante un recurso natural escaso con valor económico, también debe tener en cuenta los objetivos sociales, medioambientales y económicos que emanan de su prestación[29]. Se trata de una exigencia prevista en el art. 111 bis del Real Decreto Legislativo 1/2001, de 20 de julio, por el que se aprueba el texto refundido de la Ley de Aguas (TRLA) en virtud del cual, las administraciones competentes en materia del suministro, deben establecer «estructuras tarifarias por tramos de consumo, con la finalidad de atender las necesidades básicas a un precio asequible y desincentivar los consumos excesivos».

La asequibilidad en la configuración tarifaria del agua debe conciliar, por un lado, la necesidad de desincentivar un consumo excesivo de un bien escaso y la sostenibilidad del servicio, y por otro, combatir la pobreza hídrica y evitar el desahucio hídrico[30]. Se trata de conciliar los principios de gestión sostenible y de recuperación de costes con la garantía de acceso para toda la población, especialmente por parte de aquellos colectivos que están en situación de vulnerabili-

control rights» en *Local Government Studies, Taylor & Francis Journals*, 2020, núm. 46:6, págs. 1015-1038, en cuyo artículo toman como muestra los municipios de más de 20.000 habitantes en el período 1998-2015 y demuestran la incidencia del efecto ciclo político en la fijación del precio del agua para consumo doméstico.

29 *Vid.* al respecto Comunicación de la Comisión al Consejo, al Parlamento Europeo y al Comité Económico y Social relativa a la política de tarificación y uso sostenible de los recursos hídricos [COM (2000) 477 final]

30 La pobreza hídrica son aquellas situaciones por las cuales personas y familias carecen de los recursos económicos suficientes para asumir y sufragar los gastos derivados del acceso a los servicios urbanos del agua *Vid.* Defensor del Pueblo Andaluz, *Informe Especial del Defensor del Pueblo Andaluz relativo a los servicios de suministro de agua, garantías y derechos*. Boletín Oficial del Parlamento de Andalucía núm. 176, de 25 de febrero de 2016 (ref. 10-15/OIDC-000002), pág. 81.

dad. Para cumplir estos objetivos, el ordenamiento jurídico reconoce diversos instrumentos admisibles.

Por un lado, destacan las bonificaciones tarifarias que consisten en prever reducciones del coste a determinados hogares que se consideran vulnerables o merecedores de una protección social al cumplir determinadas condiciones que quedan preestablecidas por criterios objetivos[31]. Para su correcta determinación resulta fundamental definir adecuadamente criterios objetivos que permitan acceder a estas bonificaciones, ya sea basados en la capacidad económica o en el apoyo indirecto a ciertos grupos. Así mismo, es necesario establecer las cantidades sobre las cuales se aplicarán. Toda bonificación debe ajustarse a la situación social que se considere merecedora de protección y debe tener un límite para evitar el derroche y promover el uso eficiente del agua.

De igual forma, se reconocen en nuestro ordenamiento los fondos de solidaridad, esto es, montantes presupuestarios constituidos sobre la base de aportaciones de los operadores o bien con fondos de las administraciones públicas, a cargo de la generalidad de los usuarios, a través de los cuales se satisfacen los costes de determinados colectivos vulnerables[32]. Por último, también debemos mencionar el suministro mínimo vital (SMV), esto es, el reconocimiento de un número de litros de agua al día que permitan satisfacer las necesidades básicas de los consumidores en sus domicilios[33].

31 En el ámbito local debemos tener presente que el art. 24.4 del Real Decreto Legislativo 2/2004, prevé que «para la determinación de la cuantía de las tasas podrán tenerse en cuenta criterios genéricos de capacidad económica de los sujetos obligados a satisfacerlas».

32 Asimismo, se pueden considerar como mecanismos de acción social la posibilidad de aplazar o fraccionar los pagos de los recibos del agua, dirigidos a enfrentar situaciones temporales y excepcionales en las que no se puedan pagar dichos recibos. También se incluyen los planes para fomentar el ahorro, que buscan concienciar sobre el uso racional y eficiente de los servicios.

33 Así sucede, por ejemplo, en Cádiz al establecer un procedimiento para garantizar un mínimo vital de 100 litros por persona y día para determinados colectivos vulnerables que lo soliciten. La decisión de crear este mecanismo se acordó en agosto de 2015, si bien no se implementó hasta octubre de 2017.

Más allá de los mecanismos mencionados anteriormente, es crucial articular sistemas de información para que todos aquellos potenciales beneficiarios puedan conocer de su existencia, procedimientos ágiles para su acreditación y, para el peor de los escenarios, incluir en la normativa procedimientos que aseguren que ningún corte de suministro deje a un consumidor en su residencia habitual sin un mínimo vital básico[34]. Sin negar la posibilidad de cortar el suministro en determinadas circunstancias graves[35], las administraciones públicas deben velar por prever mecanismos que garanticen que ninguna persona vulnerable pueda quedarse sin un suministro mínimo vital de agua en el día a día. Y en este punto cobran especial importancia las potestades de regulación y configuración de los servicios públicos en su máxima expresión, corresponde a las administraciones titulares de los mismos reglamentar y concertar cuantas disposiciones, normativas o contractuales, que resulten necesarias para asegurar el suministro de los colectivos vulnerables[36].

Algunas de estas cuestiones apuntadas anteriormente se han previsto en el reciente Real Decreto 3/2023, de 10 de enero, por el que se establecen los criterios técnico-sanitarios de la calidad del agua de consumo, su control y suministro, cuyo objetivo es la transposición de la Directiva

34 Al respecto resulta demostrativo el art. 6 de la Ley 24/2015, de 29 de julio, sobre medidas urgentes para enfrentar la emergencia en el ámbito de la vivienda y la pobreza energética en Cataluña, cuyo objetivo es asegurar que las administraciones públicas garanticen el derecho de acceso a los suministros básicos, incluyendo el agua potable, para las personas y unidades familiares en riesgo de exclusión. Esta ley establece un protocolo obligatorio de comunicación y la intervención de los servicios sociales antes de proceder con el corte del suministro.

35 *Vid.* Embid Irujo, A. Derecho al agua (...) *op. cit.*, pág. 565.

36 Esto ocurre, por ejemplo, en el área metropolitana de Barcelona. El reglamento del servicio del ciclo integral del agua requiere que la entidad proveedora notifique al Área Metropolitana de Barcelona, identificando al consumidor del servicio y explicando las razones por las cuales solicita la autorización para suspender el suministro. Al respecto *vid.* el art. 71 del Reglamento del servicio metropolitano del ciclo integral del agua, aprobado por el Consejo Metropolitano del Área Metropolitana de Barcelona en 2012 (exp. 2818/12).

2020/2184 anteriormente citada. En consecuencia, la finalidad de dicha norma es establecer un marco jurídico para proteger la salud humana en el consumo de agua y garantizar su acceso en los términos exigidos por el ordenamiento jurídico internacional.

Más allá de las cuestiones técnicas relativas a la calidad, en el Real Decreto 3/2023 se incorporan unas obligaciones específicas sobre el derecho humano al agua, tales como: i) una cantidad mínima óptima de consumo que se establece en 100 litros por habitante y día, sin perjuicio de una ampliación de dicha dotación en el plan hidrológico vigente; ii) la obligación de las administraciones públicas y operadores del servicio de contabilizar el agua captada, tratada y distribuida; iii) fomentar el uso del agua del grifo, tanto en dependencias administrativas como en otros espacios públicos; iv) la obligación de prever mecanismos de protección social de los colectivos vulnerables o en riesgo de exclusión social que pueden consistir en bonificaciones en el precio del agua o fondos de solidaridad.

En el contexto de emergencia hídrica y de sequía como el actual que requiere de medidas excepcionales, resulta necesario ponderar en todas ellas los estándares jurídicos del derecho humano al agua para no poner en riesgo su acceso por parte de la ciudadanía. En este sentido, las administraciones deben velar por garantizar el suministro de agua, si es necesario, a través de medios alternativos a las canalizaciones domiciliarias convencionales, tales como el suministro a través de vehículos cisterna o agua embotellada[37]. Así mismo, al plantearse cortes de suministro o interrupciones

37 El Real Decreto 140/2003, de 7 de febrero, por el que se establecen los criterios sanitarios de la calidad del agua de consumo humano, que además recuerda la competencia municipal de velar por el cumplimiento de las obligaciones impuestas y «son responsables de asegurar que el agua suministrada a través de cualquier red de distribución, cisterna o depósito móvil en su ámbito territorial sea apta para el consumo en el punto de entrega al consumidor» (art. 4). Dicha atribución también viene de la Ley General de Sanidad 14/1986, en cuyo artículo 42.3 atribuye a los municipios la responsabilidad del control sanitario del abastecimiento.

del servicio por motivos de escasez, deben ponderar la preminencia del abastecimiento a poblaciones en la prelación de usos.

Del mismo modo, más allá de incidir en la reducción de las pérdidas de agua en red y una gestión eficiente de los recursos, las administraciones competentes deben controlar y sancionar aquellos consumos excesivos por parte de la ciudadanía[38], además de exigir las medidas restitutorias necesarias[39], por cuanto el derroche de recursos hídricos no es únicamente una cuestión económica y porque, en definitiva, el agua más cara es aquella que no se tiene. Otros debates y miradas del acceso y disfrute del derecho al agua se pueden analizar en el siguiente capítulo.

Conclusión

La toma en consideración del agua como un recurso esencial para la vida y escaso en cuanto a su disponibilidad ha llevado a la comunidad internacional a reconocer el derecho humano al abastecimiento y el saneamiento. Fruto de este paulatino proceso, se ha configurado un estatuto jurídico del derecho humano al agua que permite fijar un estándar

38 Así se prevé en el artículo 29 bis Decreto Legislativo 3/2003, de 4 de noviembre, por el que se aprueba el Texto refundido de la legislación en materia de aguas de Cataluña, incorporado mediante el Decreto-ley 1/2023, de 28 de febrero, por el que se establecen medidas extraordinarias y urgentes para hacer frente a la situación de sequía excepcional en el ámbito del distrito de cuenca fluvial de Cataluña. Dicho precepto configura un régimen sancionador por incumplimiento del plan especial de actuación en situación de alerta y eventual sequía. Así mismo, diversos Ayuntamientos de Cataluña han aprobado en los últimos meses ordenanzas y planes relativos a los usos de agua en situaciones de sequía que, entre otras cuestiones, tipifica como infracciones los consumos excesivos en situaciones de emergencia.

39 Recordemos que el artículo 45 de la Constitución relativo al derecho a disfrutar de un medio ambiente adecuado y el deber de conservarlo, un precepto íntimamente vinculado con el derecho al agua, prevé la obligación de reparación de los daños causados como una medida adicional, en su caso, para las sanciones administrativas o penales exigidas.

mínimo común para todas las personas, entre otras cuestiones, garantizando una cantidad mínima diaria de agua y la obligación de facilitar el acceso.

En el ordenamiento jurídico español, el derecho al agua se satisface plenamente con carácter general, si bien el sector presenta grandes retos que resultan agravados en un contexto de emergencia hídrica, escasez y sequía como el actual. La excepcionalidad del momento no debe poner en riesgo el acceso de la población al recurso, circunstancia que implica que las autoridades ponderen y evalúen en todas sus decisiones la afectación que ello comporta para el derecho humano al agua, especialmente al adoptar cortes de suministros, el cierre de fuentes públicas o la persecución contra excesos de consumos. Al igual que cada gota de agua cuenta, cada decisión de los poderes públicos incide en la disponibilidad de los recursos hídricos, tanto para la sociedad actual como para las generaciones futuras.

CAPÍTULO 4

El derecho humano al agua ante la emergencia climática: de la seguridad hídrica mercantilista y excluyente a la soberanía hídrica público-comunitarista

Isabel Vilaseca

Socia fundadora de la cooperativa CICrA Justicia Ambiental

Introducción

A pesar de la importancia histórica que tiene la incorporación del derecho humano al agua en el catálogo de derechos económicos, sociales y culturales de Naciones Unidas, en 2019, según la Organización Mundial de la Salud (OMS) y el Fondo de las Naciones Unidas para la Infancia (UNICEF) el número de personas en el mundo que todavía no contaba con acceso a agua potable en sus hogares ascendía a más de 2200 millones[1].

1 Unicef y World Health Organization, *Progress on household drinking water, sanitation and hygiene 2000-2017. Special focus on inequalities,*

El hecho de que esta población se concentre principalmente en países del sur global no justifica el triunfalismo con el que se suele hablar del derecho humano al agua en el norte global. No solo porque la falta de efectividad del derecho humano al agua en los países del sur global a menudo tiene que ver con procesos de gestión y acaparamiento orquestados por empresas del norte global, sino también porque el fenómeno de la pobreza hídrica es una realidad muy preocupante en nuestras latitudes, especialmente en los países de la Europa meridional a partir de la crisis derivada del crack financiero de 2007[2].

Se considera en situación de pobreza hídrica a aquellas personas u hogares que no tienen garantizado el acceso al agua, ya sea porque no pueden pagar las facturas o porque tienen que hacer muchos esfuerzos o sacrificar otras necesidades básicas para conseguirlo. Entendida así, la pobreza hídrica (igual que la pobreza energética) no es sino una manifestación más de la pobreza estructural que afecta a más de un 20 % de la población europea[3]. En ella, por tanto, confluyen causas estructurales y causas relacionadas con la gestión y regulación del suministro de agua. Si aterrizamos las cifras en nuestro contexto en Cataluña, datos de 2019 revelaban que, en el Área Metropolitana de Barcelona, alrededor de unos 125.000 hogares (casi un 10 % de los hogares) se hallaban en situación de pobreza hídrica[4].

Unicef y WHO, Nova York. Recuperado de: https://data.unicef.org/resources/progressdrinkingwatersanitationhygiene2019/#

2 Saurí D., «La Pobreza hídrica como asequibilidad. Un problema en aumento», en *Documentación social*, núm. 15 de 2023.

3 Eurostat, *Living conditions in Europe – poverty and social exclusion*, 2023. Recuperado de: https://ec.europa.eu/eurostat/statistics-explained/index.php

4 Domene E., Garcia Acosta X., Garcia-Sierra M., *Enquesta sobre aigua i usos en el sector domèstic de l'àrea metropolitana de Barcelona (EAU 2020)*, Institut d'Estudis Regionals i Metropolitans de Barcelona (IERMB), 2020. Recuperado de: https://iermb.uab.cat/wp-content/uploads/2021/07/Resum-Executiu_Enquesta-sobre-aigua-i-usos-en-el-sector-dom%C3%A8stic.pdf

Esta realidad es especialmente preocupante en el actual contexto de emergencia climática, desde el que se vislumbra para las próximas décadas una disminución drástica de las masas de agua disponibles y de la calidad de las mismas. En el litoral catalán, por ejemplo, se prevé para 2051 una disminución del 22 %, lo que, en un escenario continuista, de crecimiento de la demanda, en el que probablemente se acuda a soluciones tecnológicas costosas para el aprovechamiento de aguas no convencionales, puede comportar un aumento considerable de los precios y por tanto de la pobreza hídrica[5].

El objetivo de este capítulo es identificar los principales obstáculos que, a mi juicio, están impidiendo la plena realización del derecho humano al agua, en el contexto actual de Cataluña y frente a los impactos y amenazas del cambio climático. Estos obstáculos, de índole muy diversa, se desprenden tanto de la configuración jurídico-política del derecho humano al agua en el marco de Naciones Unidas que se ha expuesto en el capítulo anterior, como de las políticas públicas y los detalles regulatorios relacionados con el servicio de agua potable. Paralelamente, me propongo visibilizar algunas medidas, acciones o políticas públicas, así como iniciativas o reivindicaciones ciudadanas orientadas justamente a erradicar estos obstáculos.

1. El agua es un derecho, pero sigue siendo una mercancía

A pesar de que el derecho humano al agua fue en su origen una reivindicación social asociada a las luchas contra la mercantilización del agua, hoy en día este bien esencial para la vida sigue siendo un bien sujeto no solo a lógicas privatistas y mercantilistas, sino también a las sofisticadas

5 Felipe Pérez, B., Mascaró Olivella, P., Vilaseca Boixareu. I., *El Dret Humà a l'Aigua i al Sanejament davant l'emergència climàtica. Diagnosi, debats i propostes per l'Àrea Metropolitana de Barcelona,* ESFeres Estudis 33. Enginyeria Sense Fronteres, Barcelona, 2022. Recuperado de: https://esf-cat.org/es/blog/2022/02/15/esferes33-el-dret-huma-a-laigua-i-al-sanejament-davant-lemergencia-climatica-diagnosi-debats-i-propostes-per-larea-metropolitana-de-barcelona/

dinámicas del capitalismo financiero, tal y como se ponía de manifiesto a finales de 2020, cuando se anunció el inicio de la cotización del agua en el mercado de futuros de Wall Street, junto al oro y el petróleo. Los promotores de este hito histórico lo defienden como la fórmula más eficiente para hacer frente a los problemas de escasez y los crecientes precios que experimenta el agua con el avance de los efectos adversos del cambio climático. Sostienen que gracias a ello el sector agrícola o el servicio de boca van a poder protegerse de los vaivenes del mercado y evitar los problemas de abastecimiento en un futuro[6].

Con argumentos parecidos se impuso la ola de privatización del suministro de agua que tuvo lugar entre los años 80 y 90. En efecto, la externalización del servicio en grandes empresas transnacionales era defendida como la única solución posible a los problemas de eficiencia, corrupción y endeudamiento que padecían los monopolios públicos. Sin embargo, las promesas de mayor expansión de las redes, mayor calidad del servicio y reducción de las tarifas acabaron siendo más bien un mito. Numerosos estudios empíricos centrados en diferentes países han demostrado que los operadores privados no garantizan ni mayor eficiencia ni mayor calidad en la prestación del servicio, el mantenimiento de las infraestructuras y la reducción de las fugas[7]. Ello ha sido también reconocido por el Banco Mundial y el Fondo Monetario Internacional[8].

En la misma línea, cabe sospechar que la financiarización del agua como respuesta al problema de la escasez no es sino una nueva forma de *financewashing*[9] para disfrazar de nobles

6 ALVÁREZ C., «¿Qué significa que el agua empiece a cotizar en el mercado de futuros de WallStreet?» en *El País,* 9 de diciembre de 2020.

7 LOBINA E., *Troubled waters: Misleading industry PR and the case for public water,* Public Services International Research Unit i Corporate Accountability International, France, 2014.

8 ESTACHE A., PERELMAN S., TRUJILLO L., *Infrastructure performance and reform in developing and transition economies: evidence from a survey of productivity,* World Bank Policy Research Working Paper 3514, World Bank Publications, Washington, 2005.

9 Término con el que se pretende hacer referencia a la tendencia a envolver con nobles argumentos procesos de financiarización que principalmente

argumentos los intereses de unos inversores financieros, ávidos de encontrar nuevos activos seguros donde invertir sus capitales[10], tal y como sucedió con los alimentos, tras la crisis financiera de 2007. De hecho, es inevitable establecer un paralelismo con este sector en el que se ha puesto de manifiesto cómo en realidad los futuros no acaban sirviendo para paliar los riesgos asociados a la volatilidad de los precios de los bienes, sino que se convierten en una herramienta especulativa que acaba provocando un aumento de los precios[11].

La configuración del derecho humano al agua que se ha desplegado desde el sistema de derechos humanos de Naciones Unidas apenas ha confrontado las visiones privatistas y mercantilistas del agua que se imponen desde las propias instituciones de Naciones Unidas, no solo desde los organismos internacionales financieros y de desarrollo, sino también desde espacios preocupados por la conciliación entre agua, medio ambiente y desarrollo. En este sentido, por ejemplo, la Declaración de Dublín que resultó de la llamada Conferencia Internacional sobre el Agua y el Medio Ambiente, celebrada en 1992, en la capital irlandesa, encarna una propuesta para hacer frente a la crisis mundial que pivota sobre el principio de que el agua es un bien económico, un bien que debe tener valor económico en todos sus diversos usos en competencia[12].

A pesar de los nefastos impactos que tuvieron las privatizaciones del servicio de agua que implementaron muchos

---

responden a los intereses de unos inversores financieros, ávidos de conseguir nuevos activos seguros donde invertir sus capitales.

10 Flores L., «Futuros sobre el agua: la Bolsa o la vida (una vez más)», en *CTXT*, 14 de diciembre de 2020. Recuperado de: https://ctxt.es/es/20201201/Firmas/34437/agua-mercado-de-futuros-california-luis-flores.htm

11 Alvárez C., « ¿Qué significa que el agua empiece a cotizar en el mercado de futuros de WallStreet? » en *El País, 9 de diciembre de 2020.*

12 Maschio D., *El Objetivo de Desarrollo Sostenible 6. Revisión y análisis crítico del instrumento de Naciones Unidas para garantizar el Derecho Humano al Agua y Saneamiento*, ESFeres Estudios, núm. 25, Enginyeries Sense Fronteres, Barcelona, 2019. Recuperado de: https://esf-cat.org/wp-content/uploads/2020/02/ESFeres25-ODS-A5-web.pdf

países del sur global, a partir de los años ochenta, y especialmente los noventa, como consecuencia de los préstamos condicionados del Banco Mundial, el Fondo Monetario Internacional y otros bancos de desarrollo, la Observación General núm. 15 del Comité de Derechos Económicos Sociales y Culturales de Naciones Unidas que desarrolla el contenido del derecho humano al agua y saneamiento (DHAS) ni prohíbe ni se compromete explícitamente con ningún modelo de gestión del servicio, lo que significa que, a criterio de este organismo, el DHAS no es incompatible con la gestión privada del servicio. Ahora bien, el propio Comité es muy consciente de los riesgos asociados a la gestión por parte de actores privados de todos aquellos servicios tradicionalmente públicos de los que depende la realización de diferentes derechos humanos. De ahí que en 2017, emitiera la Observación General núm. 24, orientada precisamente a delimitar las obligaciones de los Estados en el contexto de las actividades gestionadas por operadores privados[13].

En los últimos tiempos, desde los propios pasillos de Naciones Unidas, nos llegan voces muy críticas ante el posicionamiento tibio de esta organización y, en general, la extensa red de actores públicos y privados encargados de velar por el cumplimiento de los derechos humanos, respecto a esta cuestión. Así, por ejemplo, el Relator Especial sobre extrema pobreza y derechos humanos, Philip Alston, en un informe publicado en 2019, cuestionaba cómo desde la comunidad internacional de los derechos humanos se habían minimizado los impactos de las privatizaciones y desatendido los aspectos de economía política de los derechos humanos[14].

---

13 Vilaseca I., *La defensa de la gestió pública i democràtica de l'aigua. Anàlisi i eines per al debat a Tarragona*, ESFeres Estudis núm. 29, Enginyeria Sense Fronteres, Barcelona, 2021. Recuperado de: https://esf-cat.org/wp-content/uploads/2021/03/FinalESFeres29-La-defensa-de-la-gestio-publica-i-democratica-de-laigua-final.pdf

14 Alston P., *La extrema pobreza y los derechos humanos. Informe del Relator Especial sobre la extrema pobreza y los derechos humanos*, UN Doc. A/73/396, 2019. Recuperado de: https://undocs.org/es/A/73/396

Ahora bien, no existe a nivel mundial una única configuración jurídica del derecho humano al agua, como se explicó en el capítulo anterior. Algunas constituciones nacionales sí han consagrado de forma contundente el inextricable vínculo entre derecho humano al agua y gestión pública del servicio de agua de boca. En este sentido, el artículo 47 de la Constitución uruguaya establece que el acceso al agua potable y al saneamiento es un derecho fundamental y dispone que el servicio público de agua para consumo humano debe ser exclusiva y directamente prestado por autoridades públicas. En la misma línea se manifiestan las constituciones de Ecuador y Bolivia.

En este contexto normativo internacional, Cataluña es un caso emblemático con una altísima presencia del sector privado en la gestión del servicio de agua. En efecto, el 80,32 % de la población catalana, mayoritariamente la que habita en grandes municipios, tiene acceso al agua potable a través de servicios gestionados por empresas privadas o sociedades mixtas. Además, se trata de un sector marcado también por una enorme concentración de poder en un grupo corporativo: el 82,3 % de los casos de gestión indirecta en Cataluña están controlados por empresas filiales de Agbar[15].

Ciertamente, no se puede afirmar en términos absolutos que la gestión pública del servicio de agua garantice siempre mejor calidad y tarifas más bajas que la gestión privada, pues estos aspectos no dependen exclusivamente del modelo de gestión presente, sino de una combinación de factores, como puede ser el estado de las infraestructuras heredado o la falta de fuentes de abastecimiento propias y la dependencia de empresas de abastecimiento en alta.

Ahora bien, en un interesante estudio publicado en 2017 por la *Taula de l'Aigua de Terrassa*, a partir de un Informe del

15 VARO A. «Participación y gestión local del agua en la Cataluña urbana: una mirada crítica », en *La lucha por la democracia en España: iniciativas desde abajo para defender los servicios de agua esenciales como un bien común,* obra colectiva CASTRO, J.E., BAGUÉ, E., Waterlat-Gobacit Network Working Papers, 2018. Recuperado de: https://waterlat.org/es/working-papers-series/vol5/vol5no1/

Tribunal de Cuentas, se constató que el coste del servicio en los municipios que han optado por la gestión indirecta (delegada en actores privados) es de media un 21 % superior a los municipios que han optado por la gestión directa por operadores públicos[16].

Es también bastante revelador el hecho de que, si bien en gran parte de los municipios de Cataluña el porcentaje que representa la factura del agua sobre la renta familiar disponible está bastante por debajo de los indicadores fijados por Naciones Unidas (3 %), en Barcelona, donde el servicio es gestionado por una empresa mixta participada en un 85 % por Agbar, este porcentaje roza esos umbrales[17]. En 2013, el movimiento social, *Aigua és Vida*, publicaba la infografía «Lo que la factura del agua no te explica», en la que se destapaba la falta de transparencia en relación con los costes que Agbar imputa a la factura del agua y se visibilizaba como el 56 % de los costes imputados son costes no asociados directamente a la gestión del servicio de agua, entre ellos la publicidad[18].

2. «Se lee agua, se escribe democracia»: del mito privatista a la alianza público-comunitaria

Más allá de la calidad y el precio, es inapelable que la intervención del sector privado en la gestión del servicio de agua de boca somete la realización del derecho humano al agua a los intereses corporativos, el principal de ellos la maximización de los beneficios económicos. Para cumplir

16 Taula de l'aigua de Terrassa, *La remunicipalització de l'aigua a Terrassa. Propostes per a la revisió del servei i per a una gestió directa, amb participació ciutadana i transparència*, Terrassa, 2017. Recuperado de: www.oat.cat/Oat/wp-content/uploads/2020/05/La-remunicipalizaci%C3%B3n-del-agua-en-Terrassa-Taula-del-Aigua-Maig2017-cas.pdf

17 Barberà C., *Com garantir l'assequibilitat del dret humà a l'aigua i el sanejament mitjançant les tarifes*, ESFera núm. 15, Enginyeria Sense Fronteres, Barcelona, 2015. Recuperado de: https://esf-cat.org/wp-content/uploads/2016/04/estudi-tarifes-aigua-ESF-2015.pdf

18 Aigua és Vida. *Infografia- El que el rebut de l'Aigua NO explica*, 2013. Recuperado de: https://www.aiguaesvida.org/infografia-el-que-el-rebut-de-laigua-no-explica/

con ese imperativo y contentar al accionariado, el *modus operandi* de las empresas privadas pivota sobre tres ejes: a) debilitar al mayor competidor que no es otro que el sector público; b) expandir los mercados del agua y crear oportunidades de negocio para ellas mismas, así como c) eliminar obstáculos para obtener de sus operaciones la máxima rentabilidad posible. Todo ello supone una amenaza para el interés general y para las personas más vulnerables, así como una merma de los principios democráticos, sea cual sea el prisma democrático que se adopte[19].

Desde el punto de vista de la democracia socialdemócrata (democracia material), como sostiene Lobina, la gestión privada del servicio de agua es una forma de redistribución regresiva de la riqueza, en la medida en que el dinero de la mayoría, obtenido a través del pago de las facturas, es distribuido entre una minoría social en forma de dividendos[20].

Desde una idea liberal de la democracia (democracia formal), deberían preocupar las tendencias oligopólicas del sector, que se hacen efectivas gracias a una enorme falta de transparencia y competencia en los concursos públicos. Es también peligroso, desde este punto de vista, el enorme poder regulatorio que ostentan las grandes corporaciones a escala nacional e internacional y la enorme desigualdad de fuerzas que se impone entre los actores privados y las autoridades locales en la negociación de los contratos de externalización[21].

---

19 LOBINA E., *Troubled waters: Misleading industry PR and the case for public water.* Public Services International Research Unit i Corporate Accountability International, France, 2014.

20 LOBINA E., *Renationalisation is needed to tackle water poverty*, Public Services International Research Unit i Corporate Accountability International Brief, France, 2017.

21 LIME C., «Turning the page on water privatisation in France», en *Our public water future. The global experience with remunicipalisation*, obra colectiva, cooridanadores KISHIMOTO, S., LOBINA, E., OLIVIER, P., Transnational Institute (TNI), Public Services International Research Unit (PSIRU), Multinationals Observatory, Municipal Services Project (MSP) i European Federation of Public Service Unions (EPSU), Amsterdam, Londres, París, Ciudad del Cabo y Bruselas, 2015.

Desde las concepciones más ambiciosas de la democracia, que recogen las aspiraciones ciudadanas de un control radical sobre todos los asuntos públicos, a través de estructuras organizativas comunitaristas y espacios participativos deliberativos, las empresas privadas, con estructuras marcadamente jerárquicas y cerradas a la ciudadanía no pueden dar respuesta a esas aspiraciones[22].

Ciertamente, los operadores públicos no siempre han sido espacios abiertos a la participación ciudadana, pero sí es cierto que admiten formas de control y participación ciudadana más intensas. En este sentido, los movimientos de defensa del agua pública, conscientes de los errores del sector público en el pasado, hacen hincapié en que no basta con que la gestión recaiga en operadores públicos, sino que también debe ir acompañada de mecanismos reales y efectivos de participación ciudadana. De esta visión derivan instrumentos muy innovadores como los observatorios ciudadanos del agua entre los que destaca el Observatorio del Agua de Terrassa (OAT), un órgano participativo, encajado en la estructura administrativa del servicio, que fue creado en 2018, a iniciativa de la ciudadanía, tras la remunicipalización del servicio en 2017, aspirando a ser la culminación de un proceso que enarbolaba el lema: «se escribe agua, se lee democracia». Como sostiene Bagué, el OAT es un espacio de co-gobierno y trabajo colaborativo que permite hablar de remunicipalización como una experiencia de comunalización de las instituciones del gobierno local, orientada a la garantía de derechos fundamentales[23].

---

22 VILASECA I., *La defensa de la gestió pública i democràtica de l'aigua. Anàlisi i eines per al debat a Tarragona*, ESFeres Estudis núm. 29, Enginyeria Sense Fronteres, Barcelona, 2021. Recuperado de: https://esf-cat.org/wp-content/uploads/2021/03/FinalESFeres29-La-defensa-de-la-gestio-publica-i-democratica-de-laigua-final.pdf

23 BAGUÉ E., *La remunicipalización del agua en Terrassa (Catalunya). La lucha de la Taula de l'Aigua por un modelo de gestión del agua como común*. Tesis doctoral, Centro de Investigaciones y Estudios, Ciudad de Mexico, 2019.

En efecto, el lema «se escribe agua, se lee democracia» es hoy en día una apuesta por la convivencia, a veces conciliación o alianza, entre lo público y lo comunitario. Bajo este paradigma adquieren especial interés la tradición de gestión comunitaria del agua dominante en las zonas rurales de muchos países del sur global, una tradición comunitaria que, en nuestro contexto geográfico, cuenta con referentes bastante residuales, como pueden ser las comunidades de regantes, o algunas empresas cooperativas de gestión del servicio de agua de boca, como es en Cataluña, el caso singular de la Comunitat Minera Olesana, de Olesa de Montserrat.

3. La accesibilidad física y económica más allá del desarrollo y las tarifas

Se suele asociar la falta de accesibilidad física al agua a la falta de infraestructuras hídricas que a menudo adolecen algunos países del sur global y la falta de accesibilidad económica (asequibilidad) con el elevado precio de las tarifas en contraste con los ingresos familiares. Respecto a este último aspecto, desde PNUD y otros organismos de Naciones Unidas se señala que los hogares no deberían gastar más de un 3 % de sus ingresos para cubrir sus necesidades de agua o el 5 % en caso de incluir el servicio todos los componentes asociados al ciclo integral del agua. Pues bien, en este apartado se quiere mostrar cómo, a pesar de que en nuestro contexto se cumplen en gran medida los estándares anteriores, para un sector significativo de la población el agua no es ni accesible ni asequible, como consecuencia de una serie de obstáculos administrativos.

La accesibilidad física se ve a menudo impedida por los requisitos que se exigen para el acceso a un contrato de suministro de agua, entre los cuales el más problemático suele ser la presentación de un justo título sobre la vivienda. Este requisito excluye de este derecho a un sector muy importante de la población que no tiene otra alternativa que vivir en régimen de ocupación en viviendas abandonadas, generalmente de propiedad de bancos y grandes tenedores.

A veces, las viviendas ocupadas, se encuentran en edificios inacabados o en pésimas condiciones de habitabilidad, en los que falta, por ejemplo, conexión al sistema de agua del exterior.

Las políticas de corte de suministro como castigo por impago de las facturas son respuestas de las empresas de agua, amparadas por la legislación aplicable, que tienen como fundamento la falta de asequibilidad y como resultado la negación de la accesibilidad. A veces, los cortes del suministro se aplican para castigar las llamadas acciones de fraude (conexión irregular a la red, manipulación del contador, etc.), en las que suelen incurrir las personas que viven en régimen de ocupación, al no tener derecho a formalizar un contrato de suministro, de modo que a menudo, no solo se proponen castigar el fraude sino también expulsar de sus viviendas a las personas que no disponen de justo título.

El cierre de fuentes públicas, en contexto de crisis como la del coronavirus o el actual contexto de sequía, supone también impedir el acceso al agua a toda aquella población que como consecuencia de lo anterior, no tiene otra alternativa para satisfacer sus necesidades hídricas que a través de fuentes públicas.

En cuanto a la asequibilidad económica, se constata que los sistemas de ayudas que suelen desplegar tanto las empresas suministradoras, como las autoridades locales (tarifas sociales, fondos sociales, pago de facturas por servicios sociales), por motivos similares a los anteriores, son a menudo inaccesibles. El requisito del justo título, la exigencia de información o documentos no disponibles para personas extranjeras en situación irregular, la exigencia de coincidencia entre la persona titular del contrato y la que es usuaria efectiva del servicio y beneficiaria de las ayudas, la falta de información, el recelo a someterse al control de los servicios sociales, son algunos de los obstáculos más comunes.

En Cataluña, gracias a la presión ejercida por movimientos sociales como la Alianza contra la Pobreza Energética, hemos presenciado en los últimos años una serie de medidas, tanto legislativas como de ámbito local, para evitar los cortes de suministro a las personas más vulnerables y para dejar de condicionar el derecho humano al agua al régimen de tenencia sobre la vivienda.

Entre ellas, destacan el principio de precaución recogido en la Ley 24/2015, de 29 de julio, de medidas urgentes para afrontar la emergencia en el ámbito de la vivienda y la pobreza energética, aprobada por el Parlamento de Cataluña. En virtud de este principio, las compañías de suministros básicos, antes de realizar un corte del servicio, están obligadas a consultar a servicios sociales, para verificar si la persona se encuentra o no en riesgo de exclusión residencial (situación caracterizada a partir del Indicador de renta de suficiencia). En caso de que las personas se encuentren en dicha situación, las empresas están obligadas a garantizar el suministro hasta que no cese la situación.

Por otro lado, a fin de desligar el derecho humano al agua del régimen de tenencia de la vivienda, algunos municipios catalanes han optado por crear los llamados contadores sociales, que implican garantizar acceso regular al suministro, bajo un régimen especial custodiado por la administración local, a las personas que viven en situación de ocupación sin título legal habilitante.

4. El derecho humano al agua en el contexto de crisis climática

Como se ha comentado al inicio de este artículo, en los próximos treinta años la crisis climática hará disminuir considerablemente la disponibilidad de masas de agua en Cataluña. Igualmente, se prevé que se aceleren los actuales procesos de degradación de las fuentes hídricas, como la salinización de las aguas subterráneas del litoral o la elevada concentración de nitratos derivada de los purines de la ganadería porcina, etc. Todo ello hará cada vez más difícil la garantía del derecho humano al agua.

En cualquier caso, es importante tener presente, sobre todo a los efectos de atribuir responsabilidades, que las amenazas al derecho humano al agua que se prevén para los próximos treinta años no están asociadas exclusivamente al cambio climático, sino a cómo el cambio climático interactuará con el conjunto de factores que actualmente ponen en entredicho la realización del derecho humano agua. Y en este sentido, es preciso reconocer que seguramente el cambio climático no nos traerá nuevos problemas y amenazas, sino más bien un agravamiento de los ya existentes.

En 2022 *Enginyeria Sense Fronteres* publicaba un estudio en el que se recogía un diagnóstico de los instrumentos de planificación que se están adoptando desde el Área Metropolitana de Barcelona (AMB) para hacer frente a los posibles escenarios hídricos. En este estudio constatamos que si bien desde el ámbito institucional de la AMB existe ya un marco de acción más o menos delineado, este adolece de un problema de raíz, un problema de enfoque. Frente a este plan de acción, trazado a través del prisma la seguridad hídrica, los movimientos sociales y algunas corrientes académicas postulan la necesidad de un vuelco hacia el paradigma de la soberanía hídrica[24].

El enfoque de la seguridad hídrica es aquel que acepta acríticamente, como orden natural de las cosas, el aumento de la demanda de agua asociado al crecimiento económico, y a partir de allí busca soluciones tecnológicas para ampliar los recursos disponibles y para disminuir la demanda, minimizando las pérdidas del sistema y, en todo caso, incentivando patrones de consumo doméstico más eficientes, sin poner en cuestión el aumento de consumo que supone el crecimiento urbanístico desmedido o algunos macro proyectos. Entre las soluciones para ampliar los recursos disponibles, se suele priorizar las grandes soluciones tecnológicas, como las desalinizadoras o las plantas de regeneración de agua, generalmente en manos de grandes corporaciones y difícilmente democratizables por su tamaño y complejidad.

---

24 Felipe Pérez, B., Mascaró Olivella, P.,Vilaseca Boixareu. I., *El Dret Humà a l'Aigua i al Sanejament davant l'emergència climàtica. Diagnosi, debats i propostes per l'Àrea Metropolitana de Barcelona,* ESFeres Estudis 33. Enginyeria Sense Fronteres, Barcelona, 2022. Recuperado de: https://esf-cat.org/es/blog/2022/02/15/esferes33-el-dret-huma-a-laigua-i-al-sanejament-davant-lemergencia-climatica-diagnosi-debats-i-propostes-per-larea-metropolitana-de-barcelona/

El enfoque de la soberanía hídrica, en cambio, exige, en primer lugar, dar un paso atrás en el punto de partida. Exige poner en el centro del problema dos preguntas: ¿Agua para qué y para quién? De este modo, se propone transitar de una política basada en satisfacer demandas a una política que, antes que nada, planifique las demandas, identifique a los grandes consumidores y se preocupe por los desequilibrios territoriales. En este sentido, son tan o más importantes que las soluciones orientadas a ampliar la disponibilidad de agua, todas aquellas acciones o decisiones políticas orientadas a reducir drásticamente la demanda, como las moratorias urbanísticas o el rechazo a grandes macro proyectos. Igualmente, este enfoque se preocupa particularmente por qué actores tienen el control de los recursos hídricos.

En segundo lugar, desde este prisma, se aboga por la búsqueda de soluciones tecnológicas respetuosas con el medio ambiente, poco demandantes de energía y, en la medida de lo posible de pequeña escala, a fin de favorecer el control de la ciudadanía y el despliegue de las llamadas comunidades hídricas. En los últimos tiempos, los movimientos sociales vienen acuñando el concepto de comunidades hídricas, por analogía al de comunidades energéticas, con el propósito de impulsar la creación de agrupaciones de personas, con una estructura y filosofía comunitaria, organizadas en torno a la gestión de infraestructuras hídricas de pequeñas dimensiones, como podrían ser, por ejemplo, los sistemas de aprovechamiento de aguas pluviales o aguas grises, instalados en edificios urbanos[25].

Conclusión

En este capítulo hemos puesto de manifiesto que en Cataluña el derecho humano al agua no puede darse por sentado. He sostenido que ello se debe en gran medida a que el agua, a pesar de ser un bien esencial para la vida recono-

25 Fiallo G.C., Maschio D., *Guia per a la implementació de Comunitats Hídriques a la ciutat de Barcelona*, ESF, Barcelona, 2022. Recuperado de: https://esf-cat.org/es/blog/2022/11/08/guia-para-la-implementacion-de-comunidades-hidricas-en-la-ciudad-de-barcelona/

cida como derecho, no ha dejado de ser una mercancía sujeta a intereses económicos y privatistas, que no solo suponen una amenaza para la accesibilidad económica del suministro, sino también y sobre todo, para la protección de aquellos intereses y aspiraciones sociales que no reportan rentabilidad económica, como puede ser la protección de las personas vulnerables, la transparencia o la democratización de las decisiones sobre el servicio. Asimismo, hemos visto cómo las autoridades legislativas y las administraciones locales, ejercen a medias su función de velar por la accesibilidad física y económica del servicio, con regulaciones que excluyen a sectores muy significativos de la población, como son las personas extranjeras, especialmente las que no cuentan con permiso de residencia, y las personas que viven en régimen de ocupación.

En las próximas décadas, se espera que los impactos del cambio climático sobre los regímenes hídricos agraven los problemas de accesibilidad y asequibilidad actuales. Para hacer frente a estas amenazas, podemos limitarnos a buscar de soluciones tecnológicas que permitan ampliar las fuentes de agua disponibles y pequeños cambios de patrones domésticos, bajo el enfoque de la seguridad hídrica, o podemos embarcarnos en el paradigma de la soberanía hídrica para abordar el problema de raíz.

PARTE III

EL DERECHO A ESTAR LIBRE DE HAMBRE EN UN PLANETA EXTRALIMITADO: CONSTRUYENDO SISTEMAS ALIMENTARIOS JUSTOS Y RESILIENTES

CAPÍTULO 5
Hacia una mayor protección del derecho a la alimentación: una exigencia ineludible en la actualidad

Miguel Ángel Martín López
Profesor titular de Derecho Internacional de la Universidad de Sevilla

1. El derecho a la alimentación: Definición y contenido como estándar mínimo

Hay que partir de la base de que el derecho a la alimentación está reconocido por el Derecho internacional general. Como es sabido, la Declaración Universal de los Derechos Humanos (en adelante, DUDH) lo recogió en su artículo 25: «toda persona tiene derecho a un nivel de vida adecuado que le asegure la alimentación». Después, el artículo 11 del Pacto Internacional de Derechos Económicos Sociales y Culturales (PIDESC), del que España es parte, en su párrafo primero repite lo establecido en dicha Declaración y así, en su segundo párrafo, reconoce el derecho fundamental de toda persona a estar protegida contra el hambre. A estos textos les han seguido múltiples prácticas, declaraciones y manifestaciones. Hay, por tanto, un bagaje y un recorrido que permite afirmar que rige el derecho a la alimentación en el ordenamiento internacional como norma consuetudinaria que obliga a toda la comunidad internacional.

Naturalmente, siempre es necesario conocer los contornos de este derecho. En este sentido, es del mayor interés partir también de una de las definiciones más aceptadas y reconocidas sobre el mismo, la dada por el primer Relator Especial de Naciones Unidas para este derecho, el profesor Jean Ziegler. Expresamente, indicaba que es «el derecho a tener acceso, de manera regular, permanente y libre, sea directamente, sea mediante compra por dinero, a una alimentación cuantitativa y cualitativamente adecuada y suficiente, que corresponda a las tradiciones culturales de la población a que pertenece el consumidor y que garantice una vida física y mental, individual y colectiva, libre de angustias, satisfactoria y digna»[1].

La definición puede ser completada, además, con la muy importante Observación General número 12 que, sobre el derecho a la alimentación, realizó en 1999 el Comité del Pacto Internacional sobre Derechos Económicos, Sociales y Culturales[2]. Esta Observación arroja más luz sobre las notas esenciales del contenido jurídico del derecho en cuestión. De su análisis podemos deducir que para alcanzar el pleno goce del derecho a la alimentación deben estar presentes, de

1 Report of the Special Rapporteur on the right to food, Jean Ziegler, A/HRC/7/5, para. 17. Este documento de manera íntegra puede ser visto en la siguiente página web o website: http://www.righttofood.org/publications/unreports/http://www.righttofood.org/publications/unreports/. El texto literal en lengua inglesa es el siguiente: «the right to have regular, permanent and unrestricted access, either directly or by means of financial purchases, to quantitatively and qualitatively adequate and sufficient food, corresponding to the cultural traditions of the people to which the consumer belongs, and which ensures a physical and mental, individual and collective, fulfilling and dignified life free of fear».

2 E/C.12/1999/5, 12 may 1999, The Right to adequate food (art 11), general comments, Committe on Economic, Social and Cultural Rights.

manera conjunta, distintos factores como son la disponibilidad de los alimentos, el acceso físico, social y económico a los mismos, el consumo de alimentos sanos, suficientes, nutritivos y culturalmente aceptados (en un marco de prestaciones de servicios sociales adecuados), y la estabilidad o, mejor dicho, la sostenibilidad en el suministro de alimentos. Si no se cumplen alguno de estos requisitos ya no hay pleno disfrute del derecho a la alimentación[3]. Además, no puede perderse de vista que cada vez van surgiendo nuevos factores que van poniendo en peligro esta sostenibilidad, pensemos actualmente en el impacto global de la guerra de Ucrania o el mismo cambio climático.

Ahora bien, como derecho económico, social y cultural, el derecho a la alimentación ha venido a ser considerado como de realización progresiva, sin obligaciones directamente exigibles. Los Estados solo se comprometen a adoptar medidas tanto por separado como mediante la asistencia y la cooperación internacional hasta el máximo de los recursos de que dispongan para lograrlo progresivamente, por todos los medios apropiados. Con todo, esto no es absoluto y tiene que haber obligaciones de carácter inmediato, lo que reconoce la propia Observación General número 12 mencionada. En concreto, estas han de ser las necesarias para hacer posible el *core content*, es decir, el estándar mínimo, el corazón del derecho a la alimentación. No indica expresamente cuál es pero consideramos que puede deducirse que este corazón

3 Dicho de otro modo, según esta Observación los componentes del derecho a la alimentación y el sentir de la doctrina y los defensores de este derecho, los elementos clave del mismo son los siguientes: Disponibilidad (Posibilidades que tiene el individuo de alimentarse ya sea directamente, explotando la tierra productiva u otras fuentes naturales de alimentos, o mediante sistemas de distribución, elaboración y de comercialización que funcionen adecuadamente), Accesibilidad (Comprende la accesibilidad económica y física. Todas las personas deben tener acceso, tanto en términos económicos como físicos, a alimentos suficientes y adecuados) Adecuación (La alimentación disponible debe ser suficiente y nutritiva para satisfacer las necesidades alimentarias de las personas, sin sustancias nocivas) y aceptables para la cultura del grupo humano al que pertenece cada persona) y Sostenibilidad (que entraña la posibilidad de acceso a los alimentos por parte de las generaciones presentes y futuras).

lo constituye el derecho fundamental de las personas a estar libres del hambre. Por tanto, se produce una violación al derecho a la alimentación cuando el Estado falla en garantizar este mínimo esencial.

Por otra parte, en la fijación del contorno del derecho a la alimentación también ha sido esencial la labor de las Directrices voluntarias de la Organización de las Naciones Unidas para la Alimentación y la Agricultura (FAO) sobre este derecho[4]. Este instrumento, no vinculante, adoptado en 2004, lleva a cabo la interpretación más desarrollada de lo que debe ser su contenido. Tiene el mérito de abordar qué deben hacer los Estados para lograrlo y que, sucintamente, implica la creación de un entorno propicio de buena gestión pública y de rendición de cuentas, políticas de desarrollo agrícola y rural sostenibles, el fomento de los medios de subsistencia de la población urbana pobre, la mejora del funcionamiento de los mercados, la promoción del establecimiento de mercados locales, la creación de sistemas adecuados de seguridad social, medidas de creación de oportunidades de empleo con mejora del capital humano, las medidas para garantizar la inocuidad de los alimentos y de protección del consumidor, el fortalecimiento de medidas para diversificar la alimentación con hábitos sanos o la labor de educación y sensibilización ciudadana en la materia.

Naturalmente, de todo lo visto hasta ahora se deduce que es necesario avanzar en conseguir una mayor concreción normativa de este derecho. El trabajo realizado hasta el momento entorno a la definición de este derecho no puede considerarse como una labor acabada o cumplida, máxime cuando van surgiendo nuevas amenazas al mismo. Así, en los siguientes apartados vamos a ir viendo la situación actual en la que se encuentra este derecho, los retos actuales y la acción que se está desplegando a tal efecto.

---

4 Directrices Voluntarias en apoyo de la realización progresiva del derecho a una alimentación adecuada en el contexto de la seguridad alimentaria nacional, Organización de las Naciones Unidas para la Agricultura y la Alimentación, Roma, 2005 aprobadas por el consejo de la FAO en su 127.º período de sesiones, noviembre de 2004 El texto completo puede verse en: https://www.fao.org/fileadmin/templates/righttofood/documents/RTF_publications/ES/RightToFood_Guidelines_ES.pdf

2. La situación actual del derecho a la alimentación y el surgimiento de nuevos retos y necesidades

Hacer un chequeo sobre la situación actual del derecho a la alimentación no daría un buen resultado. Sin duda, la prueba más palpable de que no va bien la salud de este derecho la aporta la reciente evaluación del estado de cumplimiento del Objetivo de Desarrollo Sostenible de las Naciones Unidas[5] (ODS) número 2, dedicado, como es conocido, a la erradicación del hambre y la malnutrición. Esta evaluación, realizada el pasado año 2023, en el ecuador de la agenda 2030, ha mostrado que no hay ningún progreso en el cumplimiento de dicho objetivo de hambre cero. Lo que en realidad hay es, por el contrario, un retroceso, demostrado en el aumento del hambre desde el año 2015 hasta la fecha. Hay más hambre que entonces, lo que se refleja en las cifras. La inseguridad alimentaria moderada o grave alcanza actualmente a 2400 millones de personas, 391millones más que en 2015. Recordemos también que en 2022 había 735 millones de personas con hambre crónica.

Además de ello, no puede obviarse la creciente emergencia de nuevas amenazas a la seguridad alimentaria que se han venido produciendo en estos últimos años y que suponen restricciones añadidas a este derecho. Este es el caso del cambio climático, de la pandemia de la COVID-19 o de la guerra de Ucrania y su efecto en la provisión de alimentos por las disrupciones en el comercio internacional, por poner algunos ejemplos.

Todo este panorama debiera generar un empuje más fuerte a fin de conseguir una mejor efectividad del derecho a la alimentación, con una multiplicación de los esfuerzos en el seno de las organizaciones internacionales, los foros diplomáticos, incluso los de la sociedad civil a este propósito. Algunos tímidos intentos o buenos propósitos pueden verse al respecto, aunque, como vamos a ver, no aun con la suficiente fuerza. Debieran tener mayor continuidad y profundización.

5 The Sustainable Development Goals Report 2023: Special Edition. Este informe completo, en diversos idiomas, puede verse en la siguiente web: https://unstats.un.org/sdgs/report/2023/. Última visión: 10/06/2024.

En este sentido, no puede olvidarse que precisamente este año 2024 se está conmemorando el vigésimo aniversario de la adopción de las Directrices voluntarias para la realización progresiva del derecho a una alimentación adecuada, aprobadas por el Comité de Seguridad Alimentaria Mundial (CSA) y el Consejo de la FAO en noviembre de 2004. Fue el fruto de dos años de intensas negociaciones intergubernamentales con la participación de otros múltiples actores y sigue siendo el texto más importante de desarrollo normativo de este derecho existente a nivel mundial.

Desde la FAO, particularmente a instancia de su equipo de derecho a la alimentación, se estima que debe realzarse este instrumento por su capacidad que ha tenido como guía para la acción de los Estados. Defienden su plena actualidad y estiman que su vigencia es ahora más pertinente que nunca, ya que es un texto pionero y ha tenido capacidad de anticiparse a las nuevas realidades[6]. Es plenamente útil, junto con las Directrices voluntarias más recientes, como las de sistemas alimentarios sostenibles, gobernanza de la tenencia de la tierra o de igualdad de género[7], para hacer frente a los desafíos mundiales más acuciantes y urgentes en materia alimentaria a los que se enfrentan los países hoy día. Así lo

6 https://www.fao.org/fsnforum/es/call-submissions/20th-anniversary-right-food-guidelines. Así nos lo han expresado igualmente en diversas conversaciones mantenidas por el autor con ellos en el presente año.

7 Los títulos completos de estos textos adoptados también por la FAO son los siguientes: «Directrices voluntarias sobre la gobernanza responsable de la tenencia de la tierra, la pesca y los bosques en el contexto de la seguridad alimentaria nacional», aprobadas por el CSA, en un período extraordinario de sesiones celebrado en mayo de 2012 (https://www.fao.org/cfs/cfs/cfs-home/activities/vggt/es/), «Directrices voluntarias sobre la igualdad de género y el empoderamiento de las mujeres y las niñas en el contexto de la seguridad alimentaria y la nutrición, aprobadas en el 51.º período de sesiones del CSA, Roma (Italia), 23-27 de octubre de 2023 (https://openknowledge.fao.org/server/api/core/bitstreams/b074f304-4a85-4f6a-8eec-d4b71d5705aa/content) o Las «Directrices voluntarias sobre los sistemas alimentarios y la nutrición», aprobadas en su 47.º período de sesiones plenarias, en febrero de 2021 (https://openknowledge.fao.org/server/api/core/bitstreams/e4a0f2ba-4c3a-4487-8994-0dc3531123a9/content).

podemos constatar de acuerdo con lo expresado por la organización en su página web alusiva al vigésimo aniversario[8].

Sin lugar a dudas, no puede negarse la relevancia de estas Directrices voluntarias. Son, cuanto menos, la interpretación autentica más desarrollada de este derecho humano y han sido referencia inexcusable en estas dos décadas para inspirar y conseguir su aplicación. Ahora bien, consideramos que la comunidad internacional puede ser más ambiciosa y caminar hacia un mayor fortalecimiento de su valor jurídico. En este sentido, hay que proponer ya la preparación de un tratado internacional vinculante abierto al consentimiento de los Estados. Es la mejor manera de llevarlo a efecto. Digamos, como ejemplo y comparación, que ello ya ha empezado a proponerse para otros derechos, como, por ejemplo, el derecho al desarrollo. La Asamblea General de Naciones Unidas por primera vez lo ha apuntado hace dos años. El derecho a la alimentación no debiera ser menos.

3. La imperiosa necesidad de que el derecho a la alimentación afronte el cambio climático

De otra parte, nos parece muy optimista la capacidad de las Directrices voluntarias para abordar todos los nuevos retos y desafíos relativos a la realización del derecho a la alimentación. Estos manifiestan una alta complejidad, lo que aconsejaría una revisión y ampliación de las mismas. Ello se ve de manera patente por ejemplo en el caso del cambio climático. Es un aspecto que no está regulado en las aludidas Directrices ni incluso de manera completa y suficiente en las más recientes Directrices voluntarias sobre sistemas alimentarios sostenibles. Requeriría una atención y un abordaje específicos.

---

8 *Vid.* al respeto: https://www.fao.org/fsnforum/es/call-submissions/20th-anniversary-right-food-guidelines, última visión 10/06/2024. Se ha lanzado incluso una llamada a la participación para poner en valor lo conseguido por este texto normativo.

Las proyecciones de incremento de la inseguridad alimentaria a causa del cambio climático son una realidad evidente. Incluso se puede decir que en el hipotético supuesto de que se consiguiera acabar con el hambre en el 2030, dicho cambio climático puede hacerla resurgir con fuerza en el 2100 o antes. Por tanto, es necesario desarrollar un protocolo completo, con reglas concretas, para preservar el derecho a la alimentación de las generaciones venideras. La visión a largo plazo debe necesariamente ser incluida.

Como punto de partida a todo ello, la exigencia debe ponerse en la reducción efectiva y drástica de las emisiones de carbono provenientes de la forma actual dominante y tecnificada de producción de alimentos. Se calcula que son más del treinta por ciento del total[9].

Pero, realmente, hasta ahora, la atención a la seguridad alimentaria por parte de los marcos de acción contra el cambio climático ha sido muy reducida. La desatención ha prevalecido. A lo sumo, lo único que podía encontrarse era una somera alusión en el Acuerdo de París. No obstante, parece que este estado de cosas empieza a cambiar y se está tomando conciencia de la gravedad del asunto. Bien ilustrativas son las recientes palabras del director adjunto del Banco Mundial, del pasado mes de mayo, afirmando que «aunque la comida en tu mesa tenga un buen sabor, también es una porción considerable del pastel de emisiones de cambio climático... los países deben actuar ahora: con solo modificar la forma en la que los países de ingreso mediano utilizan la tierra, los bosques y los ecosistemas para la producción de alimentos, se puede reducir un tercio de las emisiones para 2030»[10].

---

9 Así lo ponen de manifiesto diversas organizaciones internacionales: https://www.iaea.org/es/temas/reduccion-de-los-gases-de-efecto-invernadero

10 Para más información, *vid.*: https://www.bancomundial.org/es/news/press-release/2024/05/07/recipe-for-livable-planet.

Dichas declaraciones las ha hecho con motivo de la presentación del informe «Recipe for a Livable Planet: Achieving Net Zero Emissions in the Agrifood System» (Receta para un planeta habitable: Cómo alcanzar las cero emisiones netas en el sistema agroalimentario). La referencia bibliográfica de este trabajo es Sutton, William R.; Lotsch, Alexander;

Y los Estados han manifestado también recientemente preocupación al respecto y así lo podemos ver en la última conferencia de Estados parte de la Convención Marco de Naciones Unidas sobre Cambio Climático, la COP 28, que ha tenido lugar en los Emiratos Árabes Unidos en diciembre de 2023. Una de sus declaraciones finales ha acogido de manera explícita esta necesidad de reducir la emisión de gases de efecto invernadero de la agricultura. La mencionada Declaración de Doha tiene en su título las expresiones «agricultura sostenible» y «sistemas alimentarios resilientes» y ha llegado a ser firmada por 159 países del mundo. En su texto se incluye también expresamente el compromiso de integrar la agricultura y los sistemas alimentarios en los planes nacionales de reducción y en todas las políticas contra el cambio climático[11].

Estimamos que es una Declaración relevante y de importancia capital. Es una toma de conciencia real de que la seguridad alimentaria mundial depende de ello. Ahora bien, la crítica ha de estar en la ausencia de cualquier referencia al derecho a la alimentación. Se omite este concepto, aunque debe ser la guía jurídica que marque la acción de los Estados. Es un olvido consciente.

Como vemos, además, esta Declaración alude al concepto de sistemas alimentarios resilientes. Ciertamente, esta denominación de sistema se está imponiendo en estos últimos años en la agenda internacional para abordar de manera holística la complejidad que tiene todo lo concerniente a la alimentación y la agricultura en la escena mundial. Como se sabe, el Secretario General de las Naciones Unidas ha llegado a impulsar una reunión de alto nivel el pasado septiembre de 2021 sobre esta temática, abriéndose un proceso de trabajo que se supone debe ser continuado en el tiempo y dar frutos.

Prasann, Ashesh, 2024. *Recipe for a Livable Planet: Achieving Net Zero Emissions in the Agrifood System. Agriculture and Food Series.* Conference Edition, Washington, DC, World Bank, 2024. http://hdl.handle.net/10986/41468.

11 Para mayor información *vid.*: https://www.cop28.com/food-and-agriculture

No obstante, hasta la fecha los avances son reducidos, aunque se cuenta con un reciente plan de trabajo hasta 2026[12]. Naturalmente, aquí debe reivindicarse la incorporación expresa del derecho a la alimentación como guía de acción, resolución de conflictos y medio para conseguir el equilibrio entre todos los intereses contrapuestos del sistema. Pero no ha sido el caso hasta la fecha.

4. La imperiosa necesidad de establecimiento de estándares de control al comercio internacional de productos agrícolas

Otro ámbito esencial en el que se constata la necesidad de tomar medidas para proteger a la seguridad alimentaria mundial es el comercio internacional. Hasta la fecha, realmente, no se ha atendido y la Organización Mundial del Comercio (OMC) apenas le ha prestado atención[13], pero ahora ya empieza a tomarse en consideración como objetivo esencial que dicha organización mundial no puede obviar.

Fundamentalmente, la causa de ello es la reciente y aun presente guerra en Ucrania, la cual ha vuelto a traer el fantasma de una crisis alimentaria global de grandes y trágicas dimensiones como la acaecida en el año 2008 con motivo de la subida del precio de los alimentos básicos[14]. Actualmente, perdura la situación y la inflación de los precios de los alimentos dentro de los países sigue siendo alta. Una inflación superior al 5 % se registra en casi el 62 % de los países de bajos ingresos, como se pone de manifiesto en la actualiza-

12 Sobre este proceso *vid.*: https://www.unfoodsystemshub.org/

13 Solo había habido alguna reivindicación doctrinal de trabajos científicos que defendían la primacía del derecho a la alimentación sobre el régimen del comercio alimentario o la famosa disputa entre el Relator Especial del derecho a la alimentación profesor de Shutter y el director de la OMC Pascal Lamy, en la anterior crisis alimentaria de 2008.

14 Para una visión panorámica la cuestión *vid.*: https://unsdg.un.org/es/resources/impacto-global-de-la-guerra-en-ucrania-en-los-sistemas-alimentario-energetico-y

ción a fecha de 5 de junio de 2024 del Banco Mundial sobre la seguridad alimentaria mundial[15].

Así, este azote de la actual crisis alimentaria ha colocado por fin a la seguridad alimentaria en lo más alto de la atención de la OMC. Ello se ha constatado en el duodécimo periodo de sesiones de la conferencia ministerial, de junio de 2022, donde quedó adoptada la «Declaración ministerial sobre la respuesta de emergencia a la inseguridad alimentaria»[16]. Por primera vez, merced a esta Declaración, se alude al deseo de hacer progresos para lograr un sistema de comercio agropecuario equitativo orientado al mercado que ponga fin al hambre.

La Declaración contiene doce puntos en los que se aborda algunas de las cuestiones esenciales de esta estrecha relación entre el comercio y la seguridad alimentaria. Ahora bien, no esperen encontrar en estos puntos propuestas transformadoras o una modificación sustancial del *statu quo* existente en la materia. La preocupación es, sobre todo, mantener que el comercio alimentario siga siendo abierto y no sufra restricciones. Han de minimizarse las distorsiones al mismo. Busca, a lo sumo, mejorar la resiliencia de los países frente a las situaciones de necesidad[17].

Sin duda, hay que valorar positivamente la Declaración y verla como un avance, aunque en esencia el aporte es nimio y no se encuentran disposiciones de cambio estructural. Además, no hay acogida ni mención al derecho a la alimentación.

La Declaración, eso sí, crea un grupo de trabajo específico sobre seguridad alimentaria, en concreto en su parágrafo

---

15 Para más información, *vid.*: https://www.bancomundial.org/es/topic/agriculture/brief/food-security-update

16 WT/MIN(22)/28, *Declaración ministerial sobre la respuesta de emergencia a la inseguridad alimentaria adoptada el 17 de junio de 2022*, https://docs.wto.org/dol2fe/Pages/SS/directdoc.aspx?filename=s:/WT/MIN22/28.pdf&Open=True

17 Alude asimismo a las necesidades de información y alaba el sistema de información sobre el mercado agrícola y a la asistencia técnica.

octavo. Ello pudiera ser un revulsivo para progresar hacia una regulación de esta seguridad alimentaria y el derecho a la alimentación en cuestiones comerciales. El Comité de Agricultura, con fecha de 23 de noviembre de 2022, le hizo el encargo de un plan de trabajo, pidiéndole que fuera coherente, flexible, eficiente y abierto. Así lo ha hecho, aunque no esperemos de momento ver propuestas con cambios estructurales, los cuales sin duda son necesarios en esta materia[18].

Se supone además que en la décimo tercera conferencia ministerial de la OMC que tuvo lugar en Abu Dabi entre el 26 y 29 de febrero de 2024 se iban a aprobar algunas nuevas medidas y seguir impulsando trabajos más ambiciosos en la materia, pero, lamentablemente, no hay ni siquiera una referencia en la Declaración final a esta cuestión.

Conclusiones

En definitiva, los hechos van reclamando la necesidad de reconocer al derecho a la alimentación y su papel regulador, pero hay resistencia a que así sea, como se ve en los casos anteriormente descritos. El camino ha de ser, por tanto, admitir la inclusión y aplicación del derecho a la alimentación en todo caso y no poner reparos, dilaciones y excusas. Y el primer supuesto ha de ser en los Objetivos de Desarrollo Sostenibles de Naciones Unidas. El objetivo segundo realmente elude reconocerlo. No lo menciona, aunque es igualmente una necesidad apabullante. Este importante objetivo no se hizo en términos jurídicos o con enfoque pleno de derechos humanos.

Pero es bien ilustrativo que la antes mencionada conferencia de evaluación de los ODS y el informe de evaluación de mitad de camino aluda directa y claramente a la necesidad de atender los aspectos jurídicos ligados al objetivo. En concreto, de manera expresa se dice que para lograr el hambre cero en 2030 es imprescindible tomar medidas coordinadas urgentes e implementar soluciones normativas que abor-

18 https://www.wto.org/spanish/news_s/news23_s/wpfs_21sep23_s.htm

den las arraigadas desigualdades, transformen los sistemas alimentarios, inviertan en prácticas agrícolas sostenibles y reduzcan y mitiguen los efectos de los conflictos y la pandemia en la nutrición y la seguridad alimentaria mundiales[19].

Esta llamada a lo normativo no puede ser otra que la aplicación del derecho a la alimentación, el cual debe ser cada vez más fuerte y desarrollado para atender todas estas nuevas realidades, así lo creemos. Debemos pedir ya la creación de un tratado internacional que lo regule en detalle. La creación del derecho por etapas debe llegar a este nuevo paso. Ello puede ser un aldabonazo para una mejor aplicación y una mayor eficacia de este derecho.

19 *Ibid.*

CAPÍTULO 6

Avanzamos en el derecho a la alimentación: construyendo sistemas alimentarios más sanos, sostenibles y justos desde la soberanía alimentaria

Ana Pardo López
Arran de terra SCCL
anapardo@arrandeterra.org

Introducción

Las siguientes líneas pretenden aportar algunas claves sobre el derecho a la alimentación desde la perspectiva del movimiento por la soberanía alimentaria, aquel que defiende el derecho de los pueblos a participar y decidir sobre las políticas alimentarias y agrícolas. A partir de un análisis profundo de la problemática del hambre podemos apreciar las múltiples capas y variables que actúan en relación al derecho a la alimentación. Desde aquí, pondremos sobre la mesa propuestas, políticas y proyectos que nos ayudarán a identificar algunas variables sobre las que vale la pena reparar a la hora de pensar cómo responder a la crisis alimentaria de manera transformadora.

Para ello debemos entender, en primer lugar, que las dificultades para asegurar el derecho a la alimentación no derivan de una falta de producción de alimentos, sino de la desigualdad en el acceso a estos. Según la FAO, alrededor de un tercio de los alimentos producidos son desperdiciados[1]. Esta paradoja es una de las claves para entender la gran problemática del hambre y la malnutrición, que tiene que ver más con la falta de acceso a los alimentos que con la falta de disponibilidad total. La crisis alimentaria en la que nos encontramos a distintos niveles y en distintos territorios es heterogénea y muy compleja; sin embargo, identificar la desigualdad en el acceso a los alimentos como la causa principal evitará volver a caer en propuestas tecnooptimistas poco transformadoras, que no atienden a la raíz del problema.

De hecho, esta misma idea errónea sobre la falta de capacidad productiva como causa del hambre y la malnutrición la encontramos en la justificación del proceso de industrialización y tecnificación del campo, que ha acabado constituyendo el actual sistema alimentario industrializado global, una de las causas del cambio climático, de las desigualdades y en definitiva de la crisis ecosocial, con grandes impactos ambientales y socioeconómicos.

La magnitud global de la crisis alimentaria no es casual y está directamente vinculada a la «globalidad» del sistema alimentario industrial que sufrimos actualmente. En este sentido, no hablamos solamente de los problemas de acceso a una alimentación suficiente, sana y adecuada en diversos puntos del mundo, sino también de los problemas sociales, económicos y medioambientales derivados de este sistema alimentario industrializado global. Tal y como analizaremos más en detalle a continuación, para abordar el derecho a estar libre de hambre y plantearse cuáles son los umbrales mínimos en materia de alimentación debemos atender algunas cuestiones relacionadas, como son los lazos entre pobreza alimentaria y la pobreza, la perspectiva de género,

1 Organización de las Naciones Unidas para la Alimentación y la Agricultura (FAO), *Pérdidas y desperdicio de alimentos en el mundo*, 2012. https://www.fao.org/4/i2697s/i2697s00.htm

la participación en el sistema alimentario de las personas consumidoras, la perspectiva anticolonial y antirracista o la sostenibilidad medioambiental.

1. Un marco teórico, más allá del marco jurídico

El derecho a la alimentación es uno de los ejes de acción de la soberanía alimentaria definidos en el Foro Mundial de soberanía alimentaria de La Habana, en 2001[2]. En este encuentro se señaló la mercantilización de la alimentación como la principal causa del hambre y la malnutrición en el mundo, así como la soberanía alimentaria, como la vía para erradicarlas.

La soberanía alimentaria nace en respuesta al sistema alimentario global, como una alternativa que crece y se desarrolla en el marco de los movimientos sociales antiglobalización que culminan con las revueltas de Seattle en 1999, dando lugar a la consolidación de un movimiento internacional liderado por campesinos y campesinas que promueven y defienden la soberanía alimentaria como salida a la situación generada por el modelo industrial.

El concepto de soberanía alimentaria, definido inicialmente por el movimiento internacional La Vía Campesina, se ha ido construyendo por diferentes movimientos sociales y actores de la sociedad civil de manera conjunta hasta llegar a considerarse en general como:

> «el derecho de los pueblos a alimentos saludables y culturalmente apropiados producidos mediante métodos ecológicamente racionales y sostenibles, y su derecho a definir sus propios sistemas alimentarios y agrícolas. Coloca las aspiraciones y necesidades de quienes producen, distribuyen y consumen alimentos en el centro de los sistemas y políticas alimentarias en lugar de las demandas de los mercados y las corporaciones»[3].

2 *Declaración final del Foro mundial sobre soberanía alimentaria,* 2001. (Disponible en: https://www.fuhem.es/media/ecosocial/file/Boletin%20ECOS/ECOS%20CDV/Bolet%C3%ADn%204/dec_final_foro.pdf)

3 La Vía Campesina, *La Vía Campesina: soberanía alimentaria, una propuesta por el futuro del planeta*, 2021.

La soberanía alimentaria es, por tanto, entendida como un derecho colectivo que integra, entre otras reivindicaciones, el *derecho a la alimentación suficiente, adecuada y culturalmente digna* como uno de sus pilares y en relación con todos los demás: producción ecológica, acceso a los recursos naturales, justicia social, ecológica y climática, relevo agrario, valor de las semillas y rechazo a los transgénicos, perspectiva feminista, etc. Supera así la idea limitada de «seguridad alimentaria» que no repara en las condiciones objetivas que subyacen a la producción de los alimentos. Según quedó definida en la Cumbre Mundial de la Alimentación (CMA) de Roma en 1996, la seguridad alimentaria se da cuando todas las personas tienen en todo momento acceso físico y económico a suficientes alimentos inocuos y nutritivos para satisfacer sus necesidades alimentarias y sus preferencias en cuanto a los alimentos a fin de llevar una vida activa y sana. El concepto de soberanía alimentaria problematiza la capacidad real de los pueblos a acceder a la alimentación de manera autónoma dentro del sistema globalizado, y propone la reapropiación de la capacidad de decisión sobre los sistemas alimentarios locales como condición previa para una seguridad alimentaria genuina.

La evolución del derecho a la alimentación como concepto jurídico bebe de este desarrollo y va evolucionando a lo largo de diversas menciones desde un enfoque inicial de «seguridad alimentaria» hacia definiciones más cercanas a las propuestas por el movimiento agroecológico y por la soberanía alimentaria.

En 2005, el Relator Especial de Naciones Unidas, definió el derecho a la alimentación como: *«el derecho a tener acceso, de manera regular, permanente y libre, directamente, o mediante la compra con dinero, a una alimentación cuantitativa y cualitativamente adecuada, a la vez que suficiente y con los medios necesarios para producirla (tierra, agua), los cuales correspondan con las tradiciones culturales de cada población y que garantice una vida física y psíquica satisfactoria y digna»*[4].

4 ZIEGLER J., *Informe del Relator Especial sobre el derecho a la alimentación,* presentado de conformidad con la resolución 61/163 de la Asamblea General de Naciones Unidas, 2005.

Esta definición del derecho a la alimentación reconoce que la materialización del mismo no se tiene que entender como una mera ingesta de calorías, sino que tiene que incluir el logro de los medios socioeconómicos, culturales y ambientales para permitir el goce de una alimentación suficiente, nutritiva y culturalmente adecuada[5].

Así, la vulneración del derecho a la alimentación está estrechamente ligada con la privación de otros recursos como la vivienda, los suministros, la sanidad, un trabajo remunerado o, en definitiva, con la precarización de aspectos básicos de la vida humana[6].

2. ¿Cómo se garantiza *este* derecho a la alimentación?: El caso del Estado español

En el Estado español nos encontramos frente a una situación de incremento continuado del precio de venta de los alimentos al consumidor final, un 38 % en tres años según la Organización de Consumidores y Usuarios (OCU)[7]. En 2023 ha seguido aumentando el número de personas que no pueden permitirse una comida con proteína animal cada dos días, situándose en un 6,4 %, según datos del informe *El estado de la pobreza 2024*[8].

El actual modelo de ayuda alimentaria fomenta la insostenibilidad y la injusticia, ya que refuerza la agroindustria a través de las grandes empresas que dominan la producción, la distribución y la comercialización de alimentos. Por ejemplo, la distribución de ayuda alimentaria hegemónica a través de los Bancos de Alimentos tiene grandes problemáticas asociadas como son la falta de oferta de produc-

---

5 Pomar A., y otras, *Arran de Terra II. Indicadors de Sobirania Alimentària a Catalunya,* 2018.

6 Pérez J., y otras, *Ingresos y gastos: una ecuación que condiciona nuestra calidad de vida,* 2023. Coord., Comité técnico de la Fundación FOESSA.

7 OCU, *Los alimentos suben un 38 % en tres años*, 2024. (Noticia disponible en: https://www.ocu.org/consumo-familia/supermercados/noticias/subida-alimentos-2020-2023)

8 Red Europea de Lucha contra la Pobreza y la Exclusión Social en el Estado Español, *El Estado de la Pobreza*, 2024.

tos frescos y alimentos saludables, la poca capacidad para adaptarse a las necesidades y dietas específicas de algunas familias o la estigmatización y el carácter asistencialista, que perpetúan la situación actual sin presentar alternativas para una vida digna. Además, este sistema se operativiza a través de unas pocas organizaciones (Banco de Alimentos, Cáritas, Cruz Roja) generando un modelo centralizado, poco resiliente y con un alto riesgo de colapso frente a situaciones de emergencia.

La alternativa propuesta por la UE es la Tarjeta Monedero[9]. Se trata de una tarjeta prepago, a través de la que las familias designadas por los servicios sociales pueden comprar alimentos y productos de primera necesidad (no permite, por ejemplo, la compra de bebidas alcohólicas o de productos ultraprocesados) en algunos supermercados concretos. Este último condicionante implica que, lejos de solucionar el problema, esta política podría aumentar la pobreza alimentaria de las familias que, a partir de ahora, tendrán que acceder a la alimentación de manera individual a través de supermercados con precios al alza. Sobre esta cuestión, es de destacar que el precio de los alimentos obtenidos a través de la estrategia de abastecimiento de los Bancos de Alimentos, basada en donaciones y compras conjuntas, es necesariamente más bajo que el del supermercado, por lo que la capacidad de incidencia del Fondo Social Europeo Plus (FSE+), de donde viene el presupuesto de entre 130 y 220 euros mensuales por familia, queda reducida. Así mismo, cabe destacar que este modelo constituye una desviación directa de fondos públicos al sector de la gran distribución y de la banca, de la que servicios sociales depende para la gestión de las tarjetas. Las tarjetas monedero se han comenzado a implementar en el Estado español en 2024 y están dirigidas a familias en condiciones extremas de vulnerabilidad con menores a su cargo.

9 Más información sobre la aplicación del modelo de ayuda alimentaria a través de tarjetas monedero en el Estado español en: https://www.lamoncloa.gob.es/serviciosdeprensa/notasprensa/derechos-sociales-consumo-agenda-2030/paginas/2024/180424-tarjetas-monedero-familias-vulnerables.aspx

Ante una crisis alimentaria que, según todos los pronósticos, se seguirá agudizando de la mano de la crisis ecosocial, considerando los perjuicios del sistema alimentario global en términos de sostenibilidad medioambiental y socioeconómica, y reconociendo la alimentación como una palanca de transformación social, debemos plantearnos propuestas que nos ayuden a caminar hacia la soberanía alimentaria y la garantía del derecho a la alimentación.

Desde la perspectiva de la soberanía alimentaria el derecho a la alimentación es uno de los pilares fundamentales, cuya consecución es causa y consecuencia de la transformación social necesaria para alcanzar sociedades y sistemas alimentarios más sanos, más justos y más sostenibles. Este paradigma nos permite entender el derecho a la alimentación como un derecho colectivo básico, que va más allá del acceso a la alimentación de ciudadanos y ciudadanas individuales, para poder reconocer y transformar los vínculos, las relaciones de poder y las condiciones materiales de los sistemas alimentarios. A partir de esta mirada podemos identificar cinco aspectos claves que deberán ser considerados prioritarios en la elaboración de políticas y propuestas concretas para garantizar el derecho a la alimentación.

3. Elementos a considerar en torno al derecho a la alimentación. Algunas propuestas desde la agroecología

3.1. Abordar la pobreza de forma integral

En Cataluña, la tasa de riesgo de pobreza o exclusión social (AROPE) era de un 24,4 % a finales de 2023[10]. En base a estas cifras es posible afirmar que un cuarto de las personas que residen en Cataluña vive en situación de riesgo de sufrir pobreza alimentaria. Es decir, de sufrir alguna dificultad la cual impida cubrir, satisfactoriamente, la necesidad de la alimentación.

10 IDESCAT, 2023.

Por su parte, el gasto en alimentación en las familias fue del 16,35 % en 2023, un 71 % menos que en 1958, según datos estatales recogidos por el INE[11]. La tendencia a la baja en el gasto alimentario familiar está vinculada a fenómenos y problemáticas sociales como la crisis de vivienda o la subida del precio de servicios, suministros y bienes básicos, pero también a la toma de control del sistema alimentario por parte de grandes empresas distribuidoras y comercializadoras, y al cambio de percepción de los alimentos como mercancía. Estos datos relativos nos ayudan a entender mejor la realidad de la pobreza alimentaria en nuestro territorio en su vinculación con otras variables como la vivienda.

Debemos entender, por tanto, que el derecho a la alimentación debe ser respondido de manera transversal y que las mejoras sociales alcanzadas en todos los ámbitos «ministeriales» serán positivas para avanzar en la consolidación de este derecho. En otras palabras, una política de vivienda, de regulación de suministros básicos como la energía y el agua, o mejoras laborales también puede ser una política alimentaria, en tanto que pueden implicar más ingresos disponibles y/o más tiempo para una buena alimentación.

3.1.1. La Seguridad Social Alimentaria

Dentro de las acciones que podríamos implementar desde esta perspectiva integral de la pobreza cabe destacar la propuesta de la Seguridad Social Alimentaria. Una propuesta con un mayor grado de desarrollo en Francia donde se trabaja desde 2017[12], que busca generar un modelo de acceso a la alimentación más cercano al del Sistema de Sanidad o de la Educación públicas que al actual mercado.

Esta propuesta tiene tres pilares: la universalidad, la democracia y la financiación basada en cotizaciones a la

11 INE, Encuesta de Presupuestos Familiares (EPF). 2024.

12 Para saber más sobre el desarrollo de esta propuesta en Francia consultar: https://securite-sociale-alimentation.org/la-ssa/les-trois-piliers-du-mecanisme-de-ssa/. En Catalunya la Cooperativa el Pa sencer y otras entidades también lo están trabajando.

seguridad social. En la práctica la Seguridad Social Alimentaria consistiría en una renta fija por persona para la compra de alimentos, a la que todo el mundo tendría acceso, sin discriminaciones entre personas con mayor o menor capacidad económica, acabando así con la estigmatización. La elección de productos se llevaría a cabo mediante un mecanismo de elección colectiva y democrática de la producción, a través de la cual la población podría dar una orientación determinada, en términos de modelo y calidad, a los alimentos a los que después tendría acceso. Finalmente, este sistema sería financiado directamente a través de cotizaciones a través de un modelo todavía por definir.

3.2. Introducir la perspectiva de género

La feminización de la pobreza alimentaria es una realidad, esto significa que al igual que la pobreza, el hambre afecta más a mujeres y a niñas. Dos tercios de las personas que sufren hambre en el mundo son mujeres y niñas[13]. Una brecha de género en seguridad alimentaria que ha crecido 8,4 veces desde 2018[14], y que se seguirá expandiendo a causa del cambio climático según datos de Naciones Unidas. Mientras tanto, la responsabilidad en materia de alimentación en los hogares sigue recayendo de manera mayoritaria en las mujeres. Esta realidad está vinculada a la violencia machista, el abandono escolar, el matrimonio infantil, el trabajo infantil e incluso la explotación sexual[15].

A la vez, las mujeres son responsables de más de la mitad de la producción mundial de alimentos, mientras que solo el 13 % son propietarias y cobran 51 céntimos por cada dólar que ganan los hombres[16]. A estas discriminaciones se suma

13 Care, *Food Security and Gender Equality: A synergistic understudied symphony,* 2022.

14 *Ibid.*

15 *Ibid.*

16 United Nations Entity for Gender Equality and the Empowerment of Women (UN Women), *Progress on the Sustainable Development Goals: The gender snapshot 2023,* 2023.

la doble invisibilidad que sufren en muchos territorios, entre ellos el nuestro, por un lado, como mujeres, y por el otro como habitantes del mundo rural, con menor acceso a oportunidades laborales y servicios[17].

En este sentido necesitamos contemplar la variable de género a la hora de diseñar proyectos dirigidos a asegurar el derecho a la alimentación. Solo de esta manera seremos capaces de reducir la desigualdad y la discriminación que sufren las mujeres también en relación con el derecho a la alimentación y la soberanía alimentaria. En este sentido Lidia Senra, dirigente del Sindicato de Labregos e Labregas de Galicia, defiende que la soberanía alimentaria debe dejar atrás los prejuicios sexistas e incluir a las mujeres, sus necesidades y reivindicaciones que permitan el desarrollo de sus capacidades en la producción agrícola y alimentaria[18].

3.2.1. Agricultura social

Algunos proyectos de agricultura social cuentan con una mirada feminista cumpliendo un papel importante en la lucha contra la brecha de género en relación al derecho a la alimentación. Por ejemplo, el proyecto que lleva a cabo la Fundación Apip Acam en los huertos municipales de Sant Feliu de Llobregat, en el que han construido un espacio seguro para mujeres migradas y vulnerabilizadas, a través del cual no solo pueden acceder a alimentos frescos cultivados por ellas mismas, sino que también constituye un espacio de acompañamiento y apoyo mutuo.

3.2.2. Articulación del sector primario

Otros proyectos que favorecen el avance hacia la soberanía alimentaria y el derecho a la alimentación desde la

17 Binimelis R., *Noves mirades al món rural des d'una perspectiva de gènere. Dones, món rural i pagesia: ¿on som?,* en Ruralitats, Fundació Joan Maragall, 2023, págs. 43-54.

18 Serna L., y otras, *Las mujeres alimentan al mundo. Soberanía Alimentaria en defensa de la vida y el planeta*, Entrepueblos, 2009.

perspectiva feminista, son aquellos vinculados a la articulación del sector agrícola y la incidencia política. En Cataluña *Ramaderes de Catalunya* son un grupo de mujeres ganaderas organizadas en torno a la defensa de la ganadería y del lugar de las mujeres dentro de ella. Llevan a cabo diferentes acciones de incidencia, como la campaña *Foc als papers*[19] (Fuego a los papeles) que pusieron en marcha en octubre de 2023, para denunciar el exceso de burocracia a la que se somete a los pequeños proyectos ganaderos.

3.3. Promover la participación y acabar con el asistencialismo

Las administraciones públicas, a través de los Servicios Sociales, apuestan por la ayuda alimentaria como respuesta única a la crisis alimentaria actual. Como ya hemos mencionado anteriormente, los modelos actuales tienen asociadas varias problemáticas que imposibilitan un cambio de modelo y la transformación necesaria para asegurar el derecho a la alimentación sana, suficiente y segura para todas. Las ayudas alimentarias actualmente cronifican la pobreza alimentaria y generan más desigualdades, y gran parte de este problema es consecuencia del marcado carácter asistencialista que tienen.

El horizonte que nos marca la soberanía alimentaria rechaza el asistencialismo y propone como instrumento alternativo la participación activa de productoras y consumidoras en la toma de decisiones sobre temas alimentarios. En concreto esta idea queda recogida en el pilar «3. Localizar los sistemas de alimentación» de la soberanía alimentaria, desarrollado en la Declaración de Nyéléni[20].

---

19 *Ramaderes de Catalunya*, Foc als papers, 2023. (Disponible en: https://es.scribd.com/document/678174233/Foc-als-papers-Ramaderes-de-Catalunya)

20 Declaración de Nyéléni, Nyéléni, Sélingué, Mali, 2007. (Disponible en: https://nyeleni.org/IMG/pdf/DeclNyeleni-es.pdf)

Desde el punto de vista de las personas consumidoras el derecho a la alimentación y la soberanía alimentaria van de la mano de la autonomía de decisión sobre cómo alimentarnos. Así pues, aquellos proyectos que buscan responder a las necesidades de acceso a la alimentación a través de propuestas basadas en la corresponsabilidad, que favorecen la autonomía y el empoderamiento de las personas que participan, cumplirán con dos objetivos indisolubles y necesarios para asegurar este derecho básico.

3.3.1. Asociaciones y cooperativas de consumo

La gestión de la ayuda alimentaria a través de movimientos sociales, asociaciones y cooperativas de consumo busca fomentar la autonomía de las familias que reciben esta ayuda. Un ejemplo de ello es el proyecto piloto La Mimosa, que consiste en que seis familias escogidas por los Servicios Sociales del Ayuntamiento de Granollers y la Cruz Roja acceden a la ayuda alimentaria a través de la asociación de consumidoras y productoras *La Magrana Vallesana*, de la que participan. Las ayudas se ingresan en una cuenta corriente a la cual se cargan las compras de las familias, con el objetivo de garantizar el anonimato y evitar la estigmatización.

Otra iniciativa interesante en este sentido son las ollas comunitarias, iniciativas activas por todo el mundo gestionadas por organizaciones sociales y populares, líderes comunitarios y personas voluntarias, en las que se ofrece un apoyo alimentario y un espacio de encuentro y participación. En ellas, se fortalecen los lazos sociales, se promueve la cultura y la educación, y se generan oportunidades de desarrollo para las comunidades.

3.4. Introducir la perspectiva anticolonialista y antirracista

No podemos olvidar que el sistema alimentario industrial está basado en la mecanización y la tecnificación de la producción de monocultivos destinadas a la exportación internacional, que depende de grandes cantidades de capitales y de combustibles fósiles. Este sistema solo es posible dadas las relaciones coloniales y racistas en las que se basa. Desde la deforestación, la pérdida de biodiversidad y la contaminación asociadas a la producción en países del sur global, con mano de obra con pésimas condiciones laborales, de materia prima agrícola de bajo valor añadido que acaba siendo transformada y consumida en países de norte global, hasta la explotación flagrante e impune sobre las personas temporeras, mayoritariamente migrantes, en campos del Estado español y catalán. El sistema alimentario industrial es embajador del neocolonialismo, ya que se basa en relaciones extractivistas fundamentalmente de recursos naturales y humanos del sur global, y promotor de la paradoja de la abundancia[21] o maldición de los recursos, por la que los países con importantes recursos naturales, en este caso minerales destinados a la producción de insumos o tierra fértil, tienden a tener un menor desarrollo socioeconómico.

3.4.1. Estrategias culturales para el cultivo de variedades alóctonas

Una iniciativa que trabaja sobre este eje de manera muy territorializada es El conuco[22], un proyecto impulsado por Keras Buiti, cooperativa de consumo, y *LaFundició*, cooperativa dedicada al trabajo cultural, en el que se ha impulsado el cultivo local y ecológico de productos alóctonos —plantas y variedades propias de otros sistemas agroalimentarios diferentes al local— que incorporarán posteriormente a las cestas de la cooperativa de consumo.

Mediante la identificación de cultivos alóctonos vinculados a los orígenes de vecinas de Hospitalet, como la ocra, el *bissap*, o la berenjena japonesa, entre otras, llevan a cabo un

21 Acosta A. *La maldición de la abundancia: un riesgo para la democracia*, en *La Tendencia. Revista de Análisis Político*. Programa anticrisis: Legitimidad y eficacia. Quito: FES-ILDIS, (núm. 9, marzo-abril 2009): págs. 103-115.

22 *Vid.* https://lafundicio.net/projecte/el-conuco/

trabajo de memoria y restauración, vinculado a la historia colonial y neocolonial en la que se basa el sistema capitalista global y el sistema agroindustrial transnacional. Este proyecto busca también facilitar el acceso a productos de Asia, África o América que normalmente se tienen que importar a través del propio sistema alimentario global con un alto coste ecológico y social.

3.5. Tener en cuenta la sostenibilidad medioambiental

El sistema alimentario industrial global es responsable de entre el 21-37 % de las emisiones con efecto invernadero según datos del IPCC[23]. Como hemos visto, este sistema es también responsable de la gran paradoja por la cual vivimos una crisis alimentaria a nivel global a la vez que se desperdicia un tercio del total de alimentos producidos. Además, este sistema agroindustrial es el principal beneficiado de los instrumentos de ayuda alimentaria hegemónicos, en un círculo desastroso en el que nada cambia. Frente a ello, el movimiento agroecológico y en defensa de la soberanía alimentaria lanza una propuesta alternativa, como venimos viendo, que incluye una apuesta por la territorialización de los sistemas alimentarios, la producción ecológica y la agricultura familiar, que según datos de la FAO produce el 80 % de los alimentos que se consumen en el mundo, mediante modelos productivos mucho más sostenibles medioambientalmente[24].

La transición (ecológica) justa está condicionada por el avance de una transición agroecológica que nos permita construir sistemas alimentarios más sanos, más sostenibles y más justos. El concepto «transición agroecológica» ha sido definido como «el paso de unos sistemas económicos, sociales y políticos preservadores de privilegios, potenciadores de la

23 Mbow C., *et al.*: «Food Security», en: *Climate Change and Land: an IPCC special report on climate change, desertification, land degradation, sustainable land management, food security, and greenhouse gas fluxes in terrestrial ecosystems*, IPCC, 2019.

24 FAO, *El estado de la inseguridad alimentaria en el mundo*, 2015.

desigualdad y depredadores de la naturaleza [...] a sistemas ecológicamente sanos y sostenibles; económicamente viables y socialmente justos»[25]. En este sentido, vemos absolutamente necesaria la apuesta por modelos que aseguren el derecho a la alimentación a la vez que fomenten la transición agroecológica.

3.5.1. Ayuda alimentaria desde la agroecología

Un ejemplo de este binomio es ALTERBANC[26], un banco alimentario agroecológico donde interactúan en horizontalidad y transparencia diversos actores, movimientos vecinales, como asociaciones de barrio, redes informales de apoyo vecinal, la Plataforma de Afectados por la Hipoteca y otras entidades; el movimiento de la Economía Social y Solidaria; y el movimiento de la soberanía alimentaria, junto con el campesinado agroecológico. ALTERBANC compra alimentos de temporada a productores agroecológicos de proximidad a un precio digno, que mediante empresas de distribución agroecológica son distribuidos a entidades de barrio, casales o ateneos populares u otros grupos de ayuda mutua donde se preparan las cestas que se reparten.

3.5.2. Comedores escolares ecológicos

Otra iniciativa que debemos considerar es la de los comedores escolares ecológicos. Desde algunas administraciones públicas y asociaciones de familias se ha apostado por la compra de productos ecológicos y/o agroecológicos en las escuelas, vinculada en algunas ocasiones a programas de agroecología escolar. Este tipo de iniciativas entrarían dentro de la apuesta por la compra pública de producto agroecológico que también incluye otros comedores para colectividades como por ejemplo el de hospitales o residencias públicas.

---

25 Sevilla Guzmán E. y González de Molina, M., «El concepto de Transicion en el pensamiento marxista: reflexiones desde la agroecologia» en *Materiales de trabajo del curso Agroecologia y Desarrollo Rural Sostenible. Curso del Programa de Doctorado del ISEC Agroecologia, Campesinado e Historia*, Córdoba, 1995, págs. 26-30.

26 *Vid.*: https://alterbanc.org/

Conclusiones

La soberanía alimentaria defiende el derecho de los pueblos a acceder a alimentos saludables y culturalmente apropiados, producidos mediante métodos ecológicamente racionales y sostenibles, y su derecho a definir sus propios sistemas alimentarios y agrícolas.

Esta mirada, más completa y realmente transformadora, identifica la desigualdad en el acceso a la alimentación y no la falta de producción, como el principal problema para asegurar el derecho a la alimentación y amplía las garantías vinculadas más allá de la ingesta de calorías. Desde esta propuesta, el derecho a la alimentación debe ser concebido como una cuestión transversal a trabajar desde una mirada interseccional, y considerando elementos clave como la justicia social, el feminismo, la autonomía, el anticolonialismo y antirracismo y la agroecología[27], para dar lugar a políticas como el desarrollo de la propuesta de seguridad social alimentaria, el fomento de la agricultura social o la apuesta por modelos basados en la organización ciudadana, entre otras.

Finalmente, tomando prestado uno de los lemas de La Vía Campesina, para garantizar la soberanía alimentaria y el derecho a la alimentación debemos «globalizar la lucha para globalizar la esperanza», y por ello estas últimas palabras están dedicadas al pueblo de Palestina.

Para denunciar el genocidio que Israel está llevando a cabo, también a través de la crisis de hambre que ha provocado intencionadamente y que afecta a más de 2 millones de personas en Gaza, en uno de los ejercicios más despiadados contra el derecho a la alimentación. Este ataque contra la soberanía alimentaria del pueblo palestino no es algo

27 Sobre la importancia de la interseccionalidad en la cuestión del derecho a la alimentación es necesario escuchar el conmovedor discurso pronunciado por Deirdre «Dee» Woods en nombre del CSIPM durante las negociaciones de las Directrices del CSA sobre igualdad de género y empoderamiento de las mujeres y las niñas en el contexto de Seguridad Alimentaria y Nutrición, 27 julio, 2022. (Disponible en: https://www.youtube.com/watch?v=GZ1JuZEvUpg)

nuevo. El derecho a la alimentación ha sido objetivo y arma de guerra utilizadas por Israel durante los más de 75 años de ocupación ilegal. Las agresiones contra el sector agrícola y ganadero (intensificados durante la última ofensiva[28]) y contra la tradición y la memoria productiva vinculada a la tierra, a través de la tala de olivos, la persecución contra el desarrollo de granjas y proyectos agrícolas productivos, el control de los insumos y del mercado, y, por supuesto, mediante la ocupación y el robo a los y las palestinas de sus tierras de cultivo son parte del genocidio, la limpieza étnica y cultural que Israel está llevando a cabo contra el pueblo de Palestina, con la absoluta complicidad y apoyo de nuestras instituciones, gobiernos, universidades, etc. La libertad del pueblo de Palestina pasa por alcanzar la soberanía alimentaria, recuperando tierras y cultivos desde el río hasta el mar.

28 Para más información sobre los ataques del ejército israelí sobre el sector primario palestino *vid.*: «*No traces of life: Israel's ecocide in Gaza 2023-2024*» de Forensic Architecture, 2024 (disponible en: https://forensic-architecture.org/investigation/ecocide-in-gaza).

PARTE IV

EL DERECHO A LA VIVIENDA EN CRISIS: ASEQUIBILIDAD Y REDUCCIÓN DE IMPACTOS AMBIENTALES

CAPÍTULO 7

Derecho a la vivienda y cambio climático: estatuto jurídico, reconocimiento normativo y mecanismos para garantizar su asequibilidad

Irene Escorihuela Blasco
Observatori DESCA

Introducción

El derecho a una vivienda adecuada es un derecho social de referencia. Tener un hogar permite protegerse de la intemperie, actuar con intimidad, poder tener una familia, cocinar, ducharse, estudiar y cuidarse la salud, entre otros. Por lo tanto, la vivienda es la puerta de entrada para muchos otros derechos, y un elemento central para vivir con dignidad y llevar a cabo un proyecto de vida autónomo. Se trata, no obstante, de un derecho que ha sufrido graves vulneraciones y que ha configurado la realidad social de la última década en el Estado español y, también, en el ámbito internacional a raíz de la crisis financiera y habitacional. Actualmente, en un contexto de crisis climática, el derecho a la vivienda se enfrenta a nuevos retos: cómo preservar aquellos hogares que se verán afectados por inundaciones o temperaturas extremas, qué modelo de vivienda debemos fomentar para minimizar el impacto ambiental, cómo debemos organizar nuestras comunidades, barrios y pueblos para asegurar una mayor justicia ecológica.

El derecho a la vivienda se encuentra reconocido a nivel internacional en el Derecho Internacional de los Derechos Humanos en la esfera de Naciones Unidas, y también a nivel europeo, tanto en el marco del Consejo de Europa como en la Unión Europea. Asimismo, la Constitución Española y el Estatuto de Autonomía de Cataluña, con la legislación asociada, establecen cuál es el alcance del derecho a una vivienda digna en nuestro territorio. Conocer cuáles son las competencias de los distintos niveles de gobierno y el desarrollo normativo correspondiente establece las bases sobre las cuales poder construir políticas públicas que garanticen el cumplimiento de dicho derecho, especialmente en un contexto de crisis climática. El desarrollo de una transición ecosocial justa plantea muchas preguntas al sector de la vivienda y añade dificultades a la garantía de un derecho ya de por sí con graves deficiencias en nuestro país.

1. El derecho a la vivienda en el Derecho Internacional de los Derechos Humanos

En el ámbito internacional, la Declaración Universal de Derechos Humanos (DUDH) de 1948 ya reconocía el derecho a la vivienda en su artículo 25:

> «Toda persona tiene derecho a un nivel de vida adecuado que le asegure, así como a su familia, la salud y el bienestar, y en especial la alimentación, el vestido, la vivienda, la asistencia médica y los servicios sociales necesarios...» (artículo 25.1).

Posteriormente, el Pacto Internacional de Derechos Económicos, Sociales y Culturales (PIDESC) de Naciones Unidas de 1966 lo reconocía en términos similares en su artículo 11, junto con otros derechos sociales cuya protección debería garantizar un nivel de vida adecuado, esto es, una vida digna para todas las personas:

> «Toda persona tiene el derecho a un nivel de vida adecuado para sí misma y para su familia, incluyendo alimentación, vestido y vivienda adecuadas y una mejora continuada de las condiciones de existencia».

España ratificó el PIDESC en 1977 y, por lo tanto, está obligada a promover, hasta el máximo de recursos disponibles, el cumplimiento de dicho derecho. Así, los artículos 25 DUDH y 11 del PIDESC conforman el marco jurídico internacional del derecho a la vivienda, que debe interpretarse conforme a los principios mencionados en la parte común para todos los derechos económicos sociales, culturales y ambientales (DESCA): progresividad, no discriminación y prohibición de la regresividad. Si bien el artículo 11 antes referido incluye el reconocimiento del derecho a la vivienda de forma escueta, posteriormente se ha definido su contenido con mayor detalle, a través de las llamadas «Observaciones Generales» (OG) de los Comités de Naciones Unidas, que desarrollan y fijan parámetros para cada derecho. De este modo, la Observación General núm. 4 «el Derecho a una Vivienda Adecuada (párrafo 1 del artículo 11 del Pacto)» del Comité de Derechos Económicos, Sociales y Culturales (Comité DESC) —órgano de tratado encargado de velar por el cumplimiento del PIDESC— recoge siete aspectos básicos para que una vivienda sea adecuada:

- Seguridad jurídica en la tenencia
- Disponibilidad de servicios, materiales, infraestructura
- Gastos asequibles
- Habitabilidad
- Asequibilidad
- Ubicación
- Adecuación cultural

Por su parte, la Observación General (OG) núm. 7 del mismo Comité[1] incorpora criterios para las expulsiones, desahucios o, en términos de Naciones Unidas, desalojos: una de las mayores injerencias en el derecho a la vivienda. De este modo, la OG afirma que los desalojos forzosos son incompatibles con el PIDESC, y solamente justificables excepcionalmente y de conformidad con el derecho. Es decir, cuando existen procedimientos judiciales establecidos por ley. Este sería el caso español, donde la Ley de Enjuiciamiento Civil establece los procedimientos al respecto. Sin embargo, resulta interesante consultar la OG a efectos de la presencia policial o de menores en el momento del desalojo, y debe inspirar y tenerse en cuenta en toda acción legislativa o política pública en relación con los desahucios.

El Comité DESC, además de elaborar las OG, realiza exámenes periódicos a los Estados para supervisar el cumplimiento, o no, del PIDESC. De este modo, aproximadamente cada cinco o seis años, España debe someterse a una lista de preguntas formuladas por el Comité, en contacto con las organizaciones de la sociedad civil que trabajan los derechos económicos, sociales, culturales y ambientales (DESCA). Para 2024, el último examen tuvo lugar en 2018, cuando diversas preguntas sobre el derecho a la vivienda pusieron de manifiesto el incumplimiento del mismo en España. De este modo, en las conclusiones del examen[2], el Comité de Naciones Unidas recogía lo siguiente: *«En particular, preocupa al Comité el número insuficiente de vivienda social; la creciente falta de asequibilidad de la vivienda, particularmente dentro del mercado privado debido a los precios excesivos; y la falta de protección adecuada de la seguridad de la tenencia. Asimismo, le preocupa el número significativo de hogares que no cuenta con vivienda en condiciones adecuadas y el alto número de personas sin hogar (art. 11)»* (párrafo 35).

1 Comité DESC, «El derecho a una vivienda adecuada (párr. 1 del artículo 11 del Pacto): los desalojos forzosos», localizable en el documento E/1998/22, anexo IV.

2 Comité DESC, Observaciones finales sobre el sexto informe periódico a España (E/C.12/ESP/6), 25 de abril de 2018.

El Comité recomendó al Estado español que:

- «Adopte todas las medidas necesarias, incluso mediante la asignación de recursos suficientes, para hacer frente al déficit de vivienda social (...);
- Adopte las medidas necesarias para reglamentar el mercado privado de la vivienda para facilitar la accesibilidad, disponibilidad y asequibilidad de una vivienda adecuada para las personas de bajos ingresos;
- Revise su legislación sobre arrendamientos y lleve a cabo las modificaciones necesarias a fin de garantizar una protección adecuada de la seguridad de la tenencia y establecer mecanismos judiciales efectivos que garanticen la protección del derecho a una vivienda adecuada;» (párrafo 36)

Asimismo, el Comité reiteró recomendaciones que había formulado en la evaluación anterior e instó al Estado español a que *«adopte un marco legislativo que establezca requisitos y procedimientos adecuados para llevar a cabo desahucios o desalojos forzados, que entre otros incorpore los principios de razonabilidad y proporcionalidad, así como las debidas garantías legales y procesales para las personas afectadas, asegurando que las personas afectadas tengan acceso a una compensación o la opción de una vivienda alternativa adecuada, sean informadas con un plazo suficiente y razonable de notificación sobre las decisiones que ordenen los desahucios y tengan acceso a un recurso judicial efectivo».* (párrafo 38).

Para terminar con las tareas del Comité DESC en relación con el derecho a la vivienda, resulta de extrema relevancia la posibilidad de presentar quejas o comunicaciones por parte de personas que han sufrido una vulneración de este derecho o bien se encuentran ante una inminente conculcación. Y es que, gracias a la ratificación por parte de España del Protocolo Facultativo al PIDESC en 2013, y a la difusión hecha desde la Plataforma de Afectados por la Hipoteca y otras organizaciones de vivienda, se trata de un instrumento muy utilizado ante situaciones de desahucios de personas vulnerables sin alternativa habitacional.

Vinculado con lo anterior, por un lado, se han presentado centenares de medidas cautelares ante un posible desahucio, a las cuales, en muchos casos, el Comité DESC ha respondido recomendando paralizar dicho desahucio. Los juzgados en el Estado español han respondido de forma desigual ante este tipo de peticiones por parte del referido Comité, pero podemos afirmar que ha resultado útil en muchos casos para parar el lanzamiento y dar un poco más de tiempo a las familias y a las administraciones para buscar un nuevo hogar o vivienda temporal —tarea muy complicada si tenemos en cuenta la escasez de vivienda pública y los elevados precios del mercado privado de vivienda.

Por otro lado, hay casos de desahucios que han llegado al fondo del asunto por vulneración efectiva del derecho a la vivienda. Hasta el momento, el Comité DESC ha emitido nueve dictámenes con esta consideración, incluyendo recomendaciones tanto individuales para la víctima —en términos de reparación, aportación de vivienda social o compensación económica— como generales —en términos de garantías de no-repetición: propiciando cambios legislativos o de política pública. Estas recomendaciones se constituyen como unas recomendaciones claras y específicas para el Estado español a la hora de realizar cambios tendientes a garantizar el derecho a la vivienda, y deberían, por lo tanto, ser incorporadas por los distintos poderes, tanto el legislativo como el ejecutivo y el judicial. En este sentido, si bien diversas leyes de vivienda han hecho referencia en su preámbulo a dichos dictámenes, bajo nuestra opinión, gran parte de las recomendaciones generales no pueden darse por cumplidas a día de hoy (2024). De este modo, la implementación de los dictámenes del Comité DESC, así como de otros órganos de tratado de Naciones Unidas, ha sido desigual, y en este sentido diversas organizaciones de la sociedad civil han propuesto el establecimiento de un cauce procesal claro al respecto.

Todavía en el ámbito de Naciones Unidas, las tareas de la Relatoría especial sobre el Derecho a una Vivienda Adecuada son centrales a la hora de analizar la situación de este derecho en los distintos países, elaborar informes o publicar comunicaciones sobre cuestiones específicas. Si nos referimos al cambio climático, el actual Relator, Balakrishnan Rajagopal, ha publicado recientemente uno de sus informes bajo el título «Hacia una transformación justa: la crisis climática y el derecho a la vivienda»[3]). En él se presentan las siguientes ideas:

> «La crisis climática constituye una grave amenaza para el disfrute del derecho a una vivienda adecuada en todo el mundo. A veces, las políticas de mitigación del cambio climático y adaptación a él y las respuestas equivocadas a los fenómenos climáticos pueden socavar este derecho. (...) El sector de la vivienda contribuye en un grado notable al cambio climático a través de la construcción de viviendas, el crecimiento urbano incontrolado, el sellado del suelo, el consumo de energía, el uso del agua, la emisión de contaminantes, la deforestación, la desertificación y la pérdida de biodiversidad».

A este respecto, el Relator señala como vías de acción señala que se *«requiere una intervención oportuna y bien diseñada que prevea el refuerzo de la labor de mejora de la eficiencia energética, la adopción de medidas para electrificar los hogares, la incorporación de la sostenibilidad en los códigos y normas de construcción, el empleo de métodos y materiales con bajas emisiones de carbono, un uso más equitativo del parque de viviendas existente y la integración del cambio climático y la resiliencia ante el clima en la planificación urbana».*

Además, establece que es necesaria la cooperación internacional y una justa distribución de los costos de las medidas de adaptación, mitigación y reparación, especialmente para las zonas más vulnerables.

Sin duda, el derecho a la vivienda en el actual contexto de crisis climática a nivel mundial pasa por tener una mirada norte-sur, atendiendo a aquellos colectivos y países más afectados por los cambios en nuestro planeta.

2. El derecho a la vivienda en Europa

En el ámbito regional europeo existen dos esferas distintas de protección del derecho a la vivienda: el Consejo de Europa y la Unión Europea.

3 RAJAGOPAL B., «Hacia una transformación justa: la crisis climática y el derecho a la vivienda» A/HRC/52/28 , marzo 2023.

En el marco del Consejo de Europa, el Convenio Europeo de Derechos Humanos (CEDH) de 1950 no recoge derechos económicos, sociales, culturales y ambientales, sino que solo se centra en derechos civiles y políticos. Sin embargo, a través de la jurisprudencia más «social» del Tribunal Europeo de Derechos Humanos (TEDH), órgano de vigilancia del CEDH, a partir de la interdependencia de todos los derechos humanos, ha emitido sentencias en las que, mediante la salvaguarda de otros derechos (derecho a la intimidad personal y familiar, por ejemplo), establece una protección indirecta del derecho a la vivienda[4]. Asimismo, ha resultado especialmente útil el papel del TEDH a partir de la posibilidad de pedir medidas cautelares contra órdenes de desalojo de viviendas.

El Consejo de Europa cuenta también con un ámbito de protección de los derechos sociales. En 1961 se promulgó la Carta Social Europea (CSE), revisada en 1996. Esta versión más reciente no fue ratificada por el Estado español hasta julio de 2021. En ella se reconoce de forma amplia el derecho a la vivienda en su artículo 31:

> «Para garantizar el ejercicio efectivo del derecho a la vivienda, las partes se comprometen a adoptar medidas destinadas:
> • A favorecer el acceso a la vivienda de un nivel suficiente;
> • A prevenir y paliar la situación de carencia de hogar con vistas a eliminar progresivamente esta situación;
> • A hacer asequible el precio de las viviendas a las personas que no dispongan de suficientes recursos».

Además, su protocolo adicional, también ratificado por el Estado español, introduce un mecanismo de reclamaciones colectivas frente al Comité Europeo de Derechos Sociales (CEDS) que puede ser clave para la exigibilidad del derecho a la vivienda. De hecho, ya ha habido un primer caso sobre el corte de luz en Cañada Real donde el derecho a la vivienda resultaría clave[5]. Más allá de las decisiones concretas, los

4 Para el caso de España, las medidas cautelares del caso Raji y otros c. España del 16/12/14 o AMB y otros c. España del 28/1/14.

5 Queja núm. 206/2022, «Defence for Children International (DCI), European Federation of National Organisations working with the Homeless (FEANTSA), Magistrats Européens pour la Démocratie et les

marcos interpretativos que ha ido consolidando el Comité Europeo de Derechos Sociales son, en cualquier caso, una referencia necesaria.

Por lo que respecta al ámbito de la Unión Europea, la Carta de Derechos Fundamentales de la Unión Europea incluye el derecho a la vivienda en su artículo 34.3. La redacción del precepto resulta bastante restrictiva, ya que se limita a establecer lo siguiente:

> «A fin de combatir la exclusión social y la pobreza, la Unión reconoce y respeta el derecho a una ayuda social y una ayuda a la vivienda para garantizar una existencia digna a todos aquellos que no dispongan de recursos suficientes, según las modalidades establecidas por el derecho comunitario y las legislaciones y prácticas nacionales».

De esta forma, lejos de recoger los estándares establecidos en el ámbito internacional en relación con el disfrute del derecho a la vivienda, el documento de reconocimiento de derechos fundamentales en la Unión Europea se ciñe a reconocer el derecho a ayudas para la población vulnerable. Además, no existe ningún mecanismo directo para acudir al Tribunal de Justicia de la Unión Europea (TJUE) en caso de vulneración del mencionado derecho, como sí hemos visto en el caso de las comunicaciones ante el Comité DESC de Naciones Unidas, las demandas ante el TEDH o las reclamaciones ante el CEDS.

No obstante, sí ha sido de utilidad la protección del derecho a la vivienda a través de la garantía de los derechos de los consumidores. En este sentido, el TJUE dictó diversas sentencias considerando que la normativa hipotecaria española no estaba en consonancia con la directiva de protección de los consumidores, obligando al poder legislativo a modificarla y eliminar algunas cláusulas abusivas de las entidades financieras.

Libertés (MEDEL), Confederación Sindical de Comisiones Obreras and International Movement ATD Fourth World c. España».

Los fondos *Next Generation EU*[6] se presentaron como una gran oportunidad los últimos años para modernizar la vivienda en España, mayormente envejecida y de baja calidad energética. A pesar de los esfuerzos para su desarrollo, su uso ha sido limitado y elementos clave como la modernización y renovación energética de los edificios ha tenido un alcance limitado.

En otro orden de cosas, el Pacto Verde europeo[7], en el que se enmarcan las acciones de rehabilitación de edificios, principalmente, puede verse matizado a causa de las nuevas mayorías en el Parlamento Europeo a partir de su nueva integración en junio de 2024. Ante la falta de una política de vivienda europea, habitualmente se ha tendido a sistemas de vivienda muy distintos entre los países europeos. Sin embargo, la crisis social que está suponiendo el alza de precios de alquiler de la última década ha generado legislaciones de contención de rentas en algunos de ellos. Queda por ver si las políticas climáticas de la Unión se diseñarán teniendo en cuenta estas tendencias y las dificultades de acceso a la vivienda en las principales ciudades europeas.

3. El derecho a la vivienda en España

El derecho a la vivienda se encuentra reconocido en la Constitución española de 1978 (CE), en su artículo 47:

> «Todos los españoles tienen derecho a una vivienda digna y adecuada. Los poderes públicos promoverán las condiciones necesarias y establecerán las normas pertinentes para hacer efectivo este derecho, regulando la utilización del suelo de acuerdo con el interés general para impedir la especulación. La comunidad participará en las plusvalías que genere la acción urbanística de los entes públicos».

Sin embargo, no forma parte de los definidos como «derechos fundamentales», sino que el derecho a la vivienda se ubica en el capítulo tercero «De los principios rectores de

6 Fondos provenientes de la Unión Europea para la recuperación económica tras la Covid-19.

7 Medidas a nivel comunitario encaminadas a la transición ecológica y a una disminución de las emisiones en 2050.

la política social y económica» y no en el capítulo segundo «Derechos y libertades». El artículo 53.3 CE establece su justiciabilidad ante los tribunales, pero según las leyes que desarrollen el derecho. Por ejemplo, no se puede ir en amparo ante el Tribunal Constitucional por la vulneración del derecho a la vivienda como sí sucede con los derechos considerados fundamentales por la Constitución y no existe ningún recurso judicial a tal efecto hasta la fecha.

A menudo, una de las mayores colisiones del derecho a la vivienda se da con el derecho a la propiedad, tampoco reconocido como derecho fundamental, que se recoge de la siguiente forma en el artículo 33.1 CE:

> «Se reconoce el derecho a la propiedad privada y a la herencia.
> 2. La función social de estos derechos delimitará su contenido, de acuerdo con las leyes.
> 3. Nadie podrá ser privado de sus bienes y derechos sino por causa justificada de utilidad pública o interés social, mediante la correspondiente indemnización y de conformidad con lo dispuesto por las leyes».

De este modo, la función social de la propiedad deberá ser modulada en cada caso. Este ha sido un elemento central en los debates para la aprobación de la primera ley estatal de vivienda española, en concreto en el establecimiento de límites a los precios del alquiler, entre otros aspectos. La Ley 12/2023 por el derecho a la vivienda ha incorporado elementos clave como son la mediación en procesos de desahucio, la contención de rentas del alquiler y beneficios fiscales y una regulación de la vivienda pública como la calificación permanente de las viviendas de protección oficial o determinadas reservas de suelo. La sentencia[8] STC 79/2024 sobre la ley la avala, si bien reconoce un cierto «exceso competencial» en alguno de sus extremos.

Cabe recordar que la distribución competencial otorga la competencia exclusiva en vivienda y urbanismo a las comu-

8 Pleno. Sentencia 79/2024, de 21 de mayo de 2024. Recurso de inconstitucionalidad 5491-2023. Interpuesto por el Consejo de Gobierno de la Junta de Andalucía en relación con diversos preceptos de la Ley 12/2023, de 24 de mayo, por el derecho a la vivienda.

nidades autónomas, mientras que el Estado mantiene la competencia en materia de ordenación del suelo o planificación económica. El artículo 137 del Estatuto Autonómico de Cataluña de 2006 concreta sus competencias. La normativa catalana en materia de vivienda consta principalmente de la Ley por el Derecho a la Vivienda 18/2007 y de la Ley 24/2015 y posteriores, que regulan las situaciones de emergencia como los desahucios o los cortes de suministros básicos. Estas normas impiden que los grandes propietarios puedan desahuciar a familias vulnerables, y en su lugar deberá ofrecerles un alquiler social para permanecer en la vivienda.

En el mundo local las competencias en materia de vivienda son limitadas, a pesar de ser la administración más cercana a la ciudadanía y jugar un rol clave en la defensa de sus derechos. Además, muchos de los mecanismos que se plantean en términos legales para dar cobertura al derecho son de aplicación municipal (multas y sanciones, expropiaciones, realojos, vivienda pública...). En este punto resulta imprescindible la coordinación y la colaboración interadministrativa.

Hasta el momento, la normativa española y catalana en materia de vivienda, así como las políticas públicas impulsadas han estado marcadas por el fuerte rol que el mercado inmobiliario, es decir, el sector privado, tiene a la hora de proveer vivienda. Tras quince años de movilizaciones y organización social en defensa del derecho a la vivienda, algunos avances han tenido lugar desde una perspectiva más social. Sin embargo, a día de hoy la vivienda social representa escasamente un 2 %, y el precio medio del alquiler en las ciudades españolas es equivalente en algunos casos al Salario Mínimo Interprofesional[9].

Conclusión

Hasta el momento, las demandas sociales en defensa del derecho a la vivienda, especialmente en España pero también en el resto de Europa, se han centrado en hacer

9 Para el año 2024 es de 1134 euros en 14 pagas.

frente a la situación de emergencia, el aumento del alquiler y la carestía de la vivienda, quedando en un segundo plano otras variables clave a tener en cuenta, como la ambiental. El reto, ya de por sí ingente, resulta todavía mayor: por un lado, impulsar vivienda pública sostenible, con modelos de cohesión urbana que tengan en cuenta las transformaciones de nuestras ciudades y zonas rurales a causa del cambio climático, y contribuyan a una transición justa. Por otro lado, promover regulaciones que limiten las operaciones inmobiliarias contrarias al derecho a la vivienda, así como su limitación si no tienen en cuenta el contexto de crisis climática.

En este sentido, se podrían explorar medidas para limitar la compraventa de viviendas por parte de personas no residentes, especialmente en zonas donde el turismo masivo encarece la vivienda y sobreexplota los recursos naturales, como se está planteando en Baleares o en Canarias. Algunas ideas sobre estos temas se exponen y desarrollan en el siguiente capítulo de esta publicación.

CAPÍTULO 8

Las políticas de vivienda en un contexto de emergencia climática y social

Paula Martí Comas
Arquitecta, cooperativa Celobert

Introducción

Actualmente, el derecho a la vivienda no está garantizado ni por el estado del bienestar ni por el mercado inmobiliario. En España, esta situación provoca un aumento de la exclusión residencial[1]: con personas sintecho (que viven en la calle), que no tienen vivienda (personas que viven en alojamientos temporales), que residen en viviendas inseguras (con riesgo de desahucio o sin título de tenencia), o en vivien-

1 FEANTSA, *Tipología europea de sin hogar y exclusión residencial*, Bruselas, 2017. Recuperado de: https://www.feantsa.org/en/toolkit/2005/04/01/ethos-typology-on-homelessness-and-housing-exclusion.

das inadecuadas. En Cataluña, más de 900 hogares esperan una vivienda de emergencia[2] y más de 1.200 personas[3] viven en la calle en Barcelona. Además, casi un 3 % de los hogares en Cataluña reciben ayudas para pagar la vivienda y un 4 % son solicitantes de vivienda protegida debido a las dificultades para acceder a una vivienda en el mercado libre[4].

En este contexto, que podemos considerar estructural ya que no está vinculado a un hecho coyuntural o temporal, crece el consenso de que la problemática de la vivienda debe ser una prioridad para la sociedad y las distintas administraciones implicadas. Representantes políticos han defendido que la vivienda debe ser tratada como una infraestructura esencial, al mismo nivel que la sanidad o la educación, y entenderla como un pilar fundamental del estado de bienestar. Sin una vivienda digna y segura, no es posible garantizar otros derechos fundamentales.

Estos discursos dan un poco de esperanza de que a corto plazo se incrementen las políticas de vivienda y, sobre todo, aumente la inversión pública, permitiendo avanzar hacia la garantía del derecho a la vivienda. Sin embargo, existe un elevado riesgo de que estos discursos se queden en palabras vacías, sin conllevar mejoras palpables para la población, lo que podría ampliar la desafección hacia la política institucional.

A lo largo de este capítulo, expondré algunas de las bases que consideramos esenciales para una política de vivienda que siente las bases para un futuro donde el derecho a la vivienda sea universal y que además responda a la emer-

2 Síndic de Greuges Catalunya, *Informe sobre els drets de l'infant*, Barcelona, febrer 2024. Recuperado de: https://www.sindic.cat/site/unitFiles/9900/Informe%20Anual%20Infancia%202023_010224.pdf

3 Fundació Arrels, *Vivir en la calle en Barcelona*, Barcelona, marzo 2023. Recuperado de: https://img.arrelsfundacio.org/wp-content/uploads/2023/06/informe_vivir-en-la-calle_BCN_num4_CAST.pdf

4 Generalitat de Catalunya, Datos de la Secretaría de vivienda de la Generalitat de Catalunya, Barcelona, 2023. Recuperado de: https://habitatge.gencat.cat/ca/dades/indicadors_estadistiques/estadistiques-de-la-politica-dhabitatge-/

gencia climática y social que vivimos. Es útil para la mejor comprensión de las ideas que aquí se desarrollan, ver el contenido del capítulo anterior que establece los alcances jurídicos del derecho.

1. Punto de partida

Cualquier diagnóstico de la problemática de la vivienda debe tener en cuenta su papel a nivel económico. La vivienda, además de satisfacer una necesidad básica de las personas, desempeña un rol clave en el sistema capitalista neoliberal como bien de mercado y activo financiero. Como explica Raquel Rolnik:

> La mercantilización de la vivienda, así como el uso creciente de ésta como un activo integrado a un mercado financiero globalizado, afectaron profundamente al ejercicio del derecho a la vivienda adecuada para todo el mundo[5].

Los inmuebles, especialmente las viviendas, se han convertido en una garantía para las inversiones financieras globales, en un contexto donde la rentabilidad de las economías productivas está en declive y la extracción de rentas se impone. Esta situación se suma al hecho de que el sector inmobiliario ha sido históricamente utilizado como motor de la economía. En el Estado español, la política de vivienda se ha vinculado tradicionalmente a la política económica y no social, con medidas como las ayudas a la promoción de vivienda protegida que se descalifican en pocos años, las bonificaciones fiscales a la compra de una primera residencia, independientemente de su valor, las ventajas fiscales para las Sociedades Cotizadas de Inversión Inmobiliaria (SOCIMIS) o la Golden visa[6].

5 ROLINK R., *La guerra de los lugares*, Barcelona, 2018, pág. 32.

6 Ley 14/2013, de 27 de septiembre, de apoyo a los emprendedores y su internacionalización. Establece que las personas extranjeras que adquieran un inmueble por un importe igual o superior a 500.000€ podrán obtener un visado o autorización de residencia. Recuperado de: https://www.boe.es/buscar/act.php?id=BOE-A-2013-10074

Todo esto también tiene consecuencias directas en cómo entendemos la vivienda a nivel personal o familiar. La aspiración de tener una casa propia, como objetivo vital, no solo responde a la necesidad de disponer de una vivienda segura y permanente, sino que también desempeña un papel clave como mecanismo de ahorro que proporciona seguridad a largo plazo en un contexto de incertidumbre y precariedad económica, especialmente con vistas a la jubilación o de apoyo a la descendencia.

Más allá de la problemática de la vivienda, es crucial tener en cuenta también la situación de emergencia climática que vivimos y la significativa contribución del sector de la vivienda al cambio climático: elevadas emisiones de CO_2 tanto en el proceso de construcción como durante su uso, pérdida de suelo natural y agrícola, elevado consumo de agua y uso intensivo de materiales, entre otros.

Esta premisa hace incompatible seguir implementando actuaciones que se sustentan en la transformación de suelo para disponer de reservas de vivienda protegida y cesiones de suelo público y en la construcción masiva de baja calidad con un elevado impacto ecológico a lo largo de todo su ciclo de vida[7]. Además, es fundamental dar respuesta a las necesidades actuales de la sociedad, como la crisis de cuidados, el aumento de las desigualdades o la salud mental.

2. Propuestas para una política de vivienda radical

A partir del análisis expuesto, concluimos que la política de vivienda debería incorporar una triple mirada:

a. Dar respuesta a la emergencia habitacional de forma urgente y prioritaria.

b. Priorizar las actuaciones que impulsen cambios estructurales.

c. Promover la transición ecosocial.

---

7 El análisis del ciclo de vida incluye la extracción y transporte de materiales, la construcción, el uso, el mantenimiento y finalmente la reutilización o reciclabilidad cuando termina la vida útil del edificio.

a) Dar respuesta a la emergencia habitacional de forma urgente y prioritaria.

A partir de la crisis inmobiliaria de 2008, la política de vivienda en España pasó de centrarse en la promoción de vivienda protegida de venta a enfocarse en mitigar el impacto del aluvión de desahucios y a dar respuesta a la emergencia habitacional. En los últimos años, esto ha llevado a la implementación de diversos mecanismos, como el incremento de las ayudas para el pago del alquiler o la hipoteca, la mediación para detener desahucios, leyes de protección para personas en situación de vulnerabilidad, la creación de la Mesas de Emergencia Social para adjudicar viviendas temporales, y el realojo en recursos residenciales o establecimientos hoteleros, entre otros.

Sin embargo, estos mecanismos no han sido suficientes[8], ya que la precariedad económica y el aumento de los precios de la vivienda han incrementado el número de hogares en situación de exclusión residencial. Además, una parte significativa de la población que vive en condiciones más precarias es de origen migrante y, si se encuentra en situación irregular, no puede acceder a los recursos públicos.

La insuficiencia de recursos destinados a garantizar un techo digno deja a una parte de la población en una situación de exclusión residencial, con graves consecuencias para su salud[9], la educación de los niños/as, y la posibilidad de encontrar trabajo, lo que agrava la situación de exclusión y dificulta su salida. Además, en muchas ocasiones, las ayudas o recursos residenciales disponibles son temporales y, cuando finaliza el plazo, las personas se ven abocadas nuevamente a la exclusión residencial porque difícilmente pueden acceder a una vivienda en el mercado.

8 En Barcelona, la adjudicación de una vivienda de la Mesa de Emergencias Sociales puede alargarse hasta los 4 años.

9 Plataforma Afectats per la Hipoteca i Agència de Salut Pública de Barcelona, *Inseguridad residencial y salud*, Barcelona, 2021. Recuperado de https://www.aspb.cat/wp-content/uploads/2021/12/ASPB-inseguridad-residencial-salud-ES.pdf

Esta situación ha provocado la reaparición de fenómenos del pasado, como el barraquismo, la sobreocupación, la infravivienda y, de manera novedosa, la ocupación de viviendas vacías sin título habilitante, propiedad de entidades financieras y fondos de inversión. Nos encontramos en una emergencia habitacional que no ha sido causada por la llegada masiva de población y la falta de vivienda (como ocurrió en las olas de migración de los años 60), sino por la incapacidad del mercado y de la administración de ofrecer vivienda estable a la población con menos recursos económicos y el destino de la vivienda existente a la ola de la turistización de nuestros pueblos y ciudades.

Acabar con la emergencia habitacional debería ser una prioridad para la sociedad, tanto por una cuestión de justicia social como por la garantía de un futuro para todos y todas. Para lograr este objetivo, es necesario aumentar la inversión pública para ampliar los recursos residenciales y los equipos técnicos implicados, reforzar la colaboración con entidades sociales y garantizar el cumplimiento de las leyes que protegen el derecho a la vivienda. Debemos abandonar una política asistencial que da soluciones temporales, conscientes de que no es una solución de futuro para las personas afectadas, para trabajar en una política de construcción comunitaria donde el mercado no imponga sus criterios en contra de las propias leyes y derechos fundamentales.

b) Priorizar las actuaciones que impulsen cambios estructurales.

Entendemos por cambios estructurales aquellas actuaciones que defienden la vivienda como un bien básico para la vida, frente a aquellas que continúan profundizando en su mercantilización, financiarización[10] y extracción de rentas.

10 Se entiende por financiarización «el papel creciente de los intereses financieros, los mercados financieros, los agentes financieros y las instituciones financieras en el funcionamiento de las economías nacionales e internacionales». Epstein G. A., *Introduction: Financialization and the World Economy*, 2005. En Dutta S.J, y Thomson F., *Financierización: guía básica*, Amsterdam, 2018. Recuperado de: https://www.fuhem.es/wp-content/uploads/2018/04/Financierizacion-guia-basica.pdf

En este sentido, es clave impulsar la vivienda desmercantilizada, es decir, la vivienda de propiedad pública, comunitaria/cooperativa o del tercer sector. Estos agentes promueven o gestionan viviendas sin un objetivo de lucro económico. Con esta premisa, consideramos que las políticas de vivienda no deberían incluir el impulso de la vivienda protegida en propiedad ni la colaboración público-privada para la promoción de vivienda asequible. Esto representa un desafío, ya que será necesario plantear mecanismos que faciliten el acceso al financiamiento y los apoyos necesarios para dar un salto de escala en la creación de vivienda asequible por parte de estos agentes.

Además, es crucial priorizar aquellas iniciativas que limitan la rentabilidad de la vivienda, como la regulación del precio de los alquileres, la regulación de otros usos como la vivienda turística o el alquiler de temporada, y la obligación de ofrecer alquiler social a personas en situación de vulnerabilidad. Estas medidas permiten inclinar ligeramente la balanza hacia el derecho a la vivienda frente al negocio inmobiliario y se contraponen a otras medidas que favorecen la propiedad y no suponen un cambio a largo plazo, como las ayudas al alquiler.

Por último, debemos pensar en nuevos mecanismos que permitan que la vivienda se convierta en una infraestructura básica, como se mencionaba al principio. No podemos continuar con unos presupuestos de mínimos para vivienda, cercanos al 0,5 % del PIB, y esperar que la política de vivienda se autofinancie a partir del desarrollo urbanístico y el cobro de alquileres del parque público. Es necesario incrementar exponencialmente la inversión pública en vivienda, y una parte de esta inversión puede provenir de tasas que graven la alta rentabilidad del mercado inmobiliario, por ejemplo, incrementando el Impuesto de Bienes Inmuebles (IBI) a todas las viviendas que no tengan personas empadronadas.

Otros mecanismos clave son aquellos que permiten retirar vivienda del mercado lucrativo hacia un uso desmercantilizado y la construcción de un mercado social. Hemos visto cómo en Cataluña el tanteo y retracto de viviendas provenientes de ejecuciones hipotecarias ha servido para ampliar el parque público y de propiedad social/comunitaria. La adquisición de vivienda existente es crucial como alternativa a la construcción masiva. Por este motivo, es necesario implementar fórmulas que permitan obtener viviendas por debajo del precio de mercado, a partir del refuerzo de los agentes sociales y comunitarios, como la creación de reservas de vivienda protegida en el suelo urbano consolidado. En este sentido, es paradigmática la medida aprobada en Barcelona y Mataró, que establece que las nuevas promociones o grandes rehabilitaciones deben destinar el 30 % de las viviendas a protección oficial.

c) Promover la transición ecosocial.

Es evidente que las políticas de vivienda deberían desempeñar un papel fundamental en la transición ecológica y social. A continuación, se exponen algunos aspectos imprescindibles para dar una respuesta conjunta a la emergencia habitacional y climática.

Primero, debemos impulsar una nueva política de vivienda que amplíe el parque de vivienda permanente y asequible para satisfacer las necesidades de la población. Este parque debería crearse prioritariamente a partir de viviendas existentes. En segundo lugar, optimizando el suelo urbano mediante la transformación de edificios vacíos o infrautilizados, la densificación, la construcción de nuevas viviendas en vacíos urbanos o la ampliación de edificios existentes. Solo en casos en los que no suponga la pérdida de suelo estratégico para la soberanía alimentaria o la biodiversidad, y aplicando criterios de urbanismo regenerativo, se debería plantear el desarrollo de nuevo suelo urbano.

Además, las políticas de vivienda deben priorizar la rehabilitación con el objetivo de avanzar hacia la descarbonización del parque residencial. El apoyo de la Administración en este ámbito puede enfocarse en dos direcciones: promover que la propiedad impulse las intervenciones necesarias a través de la divulgación, incentivos y penalizaciones; y gestionar desde la Administración la rehabilitación en entornos donde las comunidades no disponen de la capacidad técnica y económica. En estos casos, la falta de eficiencia energética se suma al mal estado general de los edificios, en algunos casos con situaciones de riesgo estructural o insalubridad, una situación que hace que la actuación pública sea urgente.

La rehabilitación de viviendas privadas plantea un reto que debemos superar: la reticencia a destinar recursos públicos que revaloricen bienes privados. En este sentido son ejemplares los proyectos de Áreas de Conservación y Rehabilitación impulsados inicialmente por el Ayuntamiento de Santa Coloma de Gramenet y actualmente por el *Consorci Metropolità de l'Habitatge*. En estos casos, la administración financia todo el proceso de rehabilitación y establece diferentes casuísticas: los grandes tenedores deben pagar toda la intervención durante las obras, el resto puede acogerse a un financiamiento público que permite pagar el coste de la intervención no cubierto por las ayudas con cuotas mensuales, y las personas que no pueden asumir estas cuotas pueden recibir una ayuda del 100 % del coste que se inscribe en el registro de la propiedad. Si la vivienda se transmite a otra persona que no cumpla los criterios de vulnerabilidad, deberá abonar este importe a la administración.

Este mecanismo garantiza la mejora de viviendas propiedad de personas en situación de vulnerabilidad y limita la posibilidad de lucrarse gracias al dinero público. El éxito de estos proyectos reside en que las comunidades de propietarios/as no deben asumir la gestión ni el riesgo de impagos o retraso de las ayudas, además de empoderar al vecindario y reforzar la cohesión en entornos donde confluyen muchas problemáticas socioeconómicas.

Por último, la transición ecosocial también requiere cambios estructurales en el modo de vida y, por ende, en las características de nuestras viviendas. El feminismo ha puesto de manifiesto la necesidad de diseñar las viviendas con perspectiva de género, es decir, teniendo en cuenta los trabajos reproductivos que se desarrollan en el ámbito doméstico, con espacios que los visibilicen y los faciliten. Además, el feminismo también nos alerta de la necesidad de buscar una respuesta colectiva a la crisis de los cuidados, vinculada a una sociedad cada vez más envejecida y con una necesidad de cuidados que, con la incorporación de la mujer al mercado laboral, a menudo ya no queda resuelta en el ámbito familiar.

3. Un cambio de paradigma

Garantizar el derecho a la vivienda de forma universal en un contexto de emergencia climática requiere un cambio de paradigma no solo de las políticas públicas sino también a nivel social. Desde la perspectiva del ecofeminismo[11], se propone colocar en el centro la sostenibilidad de la vida, defendiendo el concepto de buena vida, a partir de una transición ecológica justa, que conlleve una reducción del consumo de energía que no está reñida con la posibilidad de una vida digna y llena.

Aplicando este enfoque a la vivienda, es necesario reconsiderar los modelos aspiracionales predominantes en nuestra sociedad. De modo simbólico podemos poner en contraposición el ideal generalizado de la casa propia con jardín, en frente de una vivienda que fomente el buen vivir.

3.1. La casa propia con jardín

La casa propia con jardín aún es la aspiración de una gran mayoría de la población, este modelo se expandió con la llegada del sueño americano a nivel global durante la segunda mitad del siglo XX, gracias al cine, la televisión y la literatura[12]. Esta aspiración va más allá de satisfacer una necesidad básica de vivienda, ya que representa un símbolo de estatus social.

La otra cara de este modelo delata que es insostenible a nivel ecológico, económico y social. La urbanización de baja densidad genera una alta ocupación de suelo y un elevado consumo de recursos por movilidad, consumo de agua,

---

11 Herrero Y., *Los cinco elementos*, Arcadia, Barcelona, 2022.

12 «Subúrbia. La Construcció del somni americà», en *CCCB*, Barcelona, 2024.

viviendas de grandes dimensiones, etc. Esto no solo contribuye a la segregación socioespacial y ensancha la desigualdad, sino que también fomenta una vida aislada donde desarrollar las tareas de cuidados es más complicado.

Además, la propiedad privada refuerza un modelo individualista donde quienes adquieren una vivienda a menudo asumen una deuda significativa y enfrentan solas el riesgo de impago. También deben encargarse de la gestión y mantenimiento del hogar, que supone una sobrecarga económica añadida al retorno de la hipoteca.

3.2. La vivienda del buen vivir

En contraposición a una vivienda aislada y fuertemente demandante de recursos naturales y personales se plantea un modelo alternativo que dé respuesta a los retos de la transición ecosocial. A continuación, se describen algunas de las características de esta nueva vivienda a la que podríamos aspirar, todas ellas se persiguen desde las cooperativas en cesión de uso, un modelo alternativo a la compra y el alquiler que está empezando a crecer en Cataluña y en algunos municipios del Estado español.

i. Seguridad en la tenencia a largo plazo.

   Es un aspecto imprescindible para arraigarse en el lugar, desarrollar una vida plena y poder planificar el futuro con tranquilidad. Esta seguridad se asocia tradicionalmente a la propiedad privada, frente al alquiler. Sin embargo, la compra mediante una hipoteca también conlleva el riesgo de enfrentarse a un desahucio si no se pueden abonar las cuotas mensuales. Por otro lado, en algunos países europeos existen regulaciones del alquiler que ofrecen garantías a los inquilinos para permanecer a largo plazo en la vivienda, proporcionando estabilidad.

   La seguridad en la tenencia es uno de los aspectos clave de las cooperativas en cesión de uso, donde las personas socias de la cooperativa gozan del derecho de uso de la vivienda de forma indefinida.

ii. Inversión colectiva.

Permite reducir el riego de impago de forma individual. Además, debería ser asequible y adaptable a la capacidad económica de cada persona.

Esta también es una de las características de las cooperativas en cesión de uso que se están impulsando en Cataluña, ya que el préstamo con el banco para la adquisición del patrimonio y la construcción o rehabilitación, lo contrae la cooperativa y no de forma individual por cada persona socia.

iii. Facilita el apoyo muto y los cuidados.

Permite una vida más comunitaria, con espacios de uso colectivo y servicios compartidos. Cada vez hay más personas que ven como una oportunidad ampliar la vivienda «privada» con otros espacios complementarios, en el caso de algunos colectivos, como las personas mayores o personas con diversidad funcional, este modelo les brinda la posibilidad de disfrutar de una vida autónoma con la atención que necesitan, mediante unos servicios colectivos gestionados por la cooperativa.

iv. Promueve la participación.

La gestión de la comunidad se basa en la corresponsabilidad de los vecinos y vecinas, fomentando su participación, apoderamiento y sentimiento de pertenencia. A diferencia de la mayoría de viviendas de alquiler público donde la convivencia se basa en el trabajo individual con aquellas personas que se considera que tienen comportamientos conflictivos.

En el modelo de cooperativas en cesión de uso esta participación responde a uno de los principios de la organización cooperativista que se basa en la gestión democrática de todas las personas socias. En otros modelos como, por ejemplo, en edificios de alquiler público o privado, también se puede incentivar la organización comunitaria de los vecinos y vecinas.

v. Genera un entorno de calidad.

Disponer en un entorno cercano de servicios, transporte público, espacios libres, equipamientos, red asociativa, son aspectos claves de la calidad de una vivienda.

En el caso de las cooperativas, muchas veces hay una voluntad de ofrecer servicios o espacios al barrio y participar activamente de la red asociativa para generar sinergias positivas con el entorno.

vi. Permite la suficiencia[13] energética y de espacio.

El concepto de suficiencia proviene del ecologismo y hace referencia a tener lo necesario para satisfacer nuestras necesidades sin excesos ni carencias. En un contexto de emergencia climática, las viviendas a las que debemos aspirar son aquellas que puedan cumplir estas características. Por ejemplo, a nivel de climatización, garantizar una temperatura en invierno que nos genere confort suficiente con un jersey o en verano con un ventilador sin consumir energía en exceso.

En relación al espacio es clave optimizarlo. Por ejemplo, no hace falta disponer de una habitación de invitados o un gran comedor para celebrar eventos en tu propia vivienda, si puedes usarlos de forma puntual los días que lo necesitas.

El hecho de que las cooperativas autopromuevan su edificio de forma colectiva permite basarse en este concepto, por motivos de sostenibilidad, pero también para reducir los costes económicos tanto en la construcción como en el uso posterior.

vii. Se adapta a las necesidades de la vida cotidiana.

Por último, es clave tener en cuenta que existen múltiples unidades de convivencia y que estas varían

---

13 Volpi L., «Repensar l'habitatge des de la suficiència energética», en *La Directa*, núm. 578, mayo 2024.

en el tiempo, haciendo que varíen las necesidades en relación a la vivienda. Pero a la vez tenemos muy arraigado un modelo de vivienda para toda la vida, con un fuerte apego al lugar donde se ha vivido en la infancia o ligado a las historias familiares.

En las cooperativas en cesión de uso se plantean tipologías de vivienda flexibles que se puedan adaptar a las necesidades del momento, sin necesidad de mudarte a otro edificio.

Conclusiones

El consenso generalizado sobre la necesidad de impulsar una política de vivienda que promueva la transición ecológica representa una oportunidad única para impulsar cambios estructurales y un cambio de paradigma crucial para avanzar hacia la garantía del derecho la vivienda. Este proceso debería interpelar al conjunto de la sociedad, a las administraciones públicas, a los diferentes grupos políticos y a todos los agentes vinculados al sector de la vivienda que estén comprometidos con priorizar su función social.

Consideraciones finales

Las ponencias presentadas en cada una de las cuatro partes de esta publicación reflejan el resultado de un diálogo entre juristas y personas expertas en políticas sectoriales en cuatro ámbitos de vital importancia: la energía, el agua, la alimentación y la vivienda. El objetivo de esta publicación era, como se apuntaba en la introducción, explorar el rol que pueden desempeñar los derechos socioeconómicos y ambientales en un contexto de crisis ecosocial. Se trataba, en definitiva, de lanzar el debate sobre cómo descarbonizar los derechos humanos que responden a necesidades básicas y que corresponden, como se indica en el título, a unos *umbrales de dignidad* por los que deberíamos de luchar conjuntamente, desde el norte y el sur global.

En línea con este cometido, se examinaron en estas cuatro áreas fundamentales los niveles mínimos relacionados con la protección del derecho a un nivel de vida adecuado, desde una perspectiva global y multinivel, teniendo en cuenta los estándares globales y su aterrizaje en los niveles regional y nacional. Asimismo, para ir más allá de la identificación de estándares, se plantearon políticas concretas orientadas al cumplimiento de los estándares planteados, teniendo siempre en cuenta la necesaria reducción en los consumos de energía y materiales. En concreto, se esbozaron para cada ámbito propuestas específicas pensadas para el Estado español, pero que puedan ser implementadas también en otros contextos similares.

Asimismo, del análisis de estos cuatro ámbitos se desprende que, para responder a los retos del presente, es crucial complementar los estándares mínimos de cada derecho con umbrales máximos, es decir, con la necesidad de reducir los consumos de energía y materiales y los impactos ambientales relacionados con la garantía de los derechos a la alimentación, al agua y la vivienda. Así pues, en un planeta extralimitado, la garantía de umbrales mínimos podría no ser suficiente para mejorar las condiciones de vida de las personas, ya que es fundamental también reducir su vulnerabilidad climática y su exposición a otros riesgos como los colapsos de los sistemas de aprovisionamiento de agua y alimentos, que pasan por reducir las emisiones globales.

De igual forma, del análisis de los cuatro ámbitos se observa la gran distancia que hay en la práctica entre los estándares internacionales establecidos por órganos y organismos de derechos humanos respecto al contenido de los diferentes derechos y la realidad a la que se enfrenta su ejercicio pleno, ya no solo en muchas regiones del mundo, sino en el mismo territorio del Estado español. Por ello, no parece adecuado plantear una reducción generalizada en los estándares o en el acceso a ciertos derechos relacionados con el nivel de vida, cuando en realidad muchas personas no han tenido acceso efectivo hasta hoy a dichos derechos. Por lo que, más bien, esta situación invita a que los análisis deban hacerse partiendo desde las desigualdades estructurales existentes, de la exclusión histórica de derechos que han tenido algunas personas y con la imperiosa necesidad de usar la perspectiva interseccional, para que efectivamente nadie quede sin derechos, pero también, nadie siga gozando de ellos como un privilegio en detrimento de las demás personas y del medio ambiente.

En consecuencia, consideramos que, en el contexto actual de sobrepasamiento ecológico, el pensamiento sobre los derechos humanos debería abordar dos asuntos fundamentales: uno de naturaleza material —dilucidar hasta dónde deberían llegar las aspiraciones de realización material de las personas que implica el derecho a un nivel de vida adecuado— y, otro de naturaleza más subjetiva y filosófica —reflexionar sobre la relación entre libertad, los límites ambientales y los derechos humanos—. Por un lado, es obvio que, si no queremos ahondar en la destrucción de los ecosistemas que sostienen la vida, debemos limitar nuestras aspiraciones de derechos a lo que la biosfera nos permite. Si esto pasa por reducir la esfera material de la economía, la conclusión lógica es que no deberíamos preocuparnos simplemente de mejorar las condiciones de vida de las personas más vulnerabilizadas, sino también de reducir los impactos ambientales vinculados al consumo de recursos y energía de los que más tienen. En definitiva, debemos poner en el centro del proyecto de defensa de los derechos humanos con perspectiva interseccional la redistribución económica y en el acceso a los recursos, como única manera de garantizar el cumplimiento de unos umbrales de dignidad sin contribuir a ahondar en la superación de los límites planetarios.

Por ende, a la preocupación por garantizar unos umbrales mínimos debe sumarse el cuestionamiento de la legitimidad de acumular riqueza y llevar estilos de vida altamente contaminantes en un mundo sobrepasado, formas de vida que impactan en la resiliencia de los modos de vida de otras personas. Ante este escenario, parece obvio que la única manera de mejorar las condiciones materiales de vida para todas las personas —el objetivo último del derecho a un nivel de vida adecuado— es una redistribución radical de la riqueza, tanto internamente como entre las naciones.

Por otro lado, la segunda cuestión clave es cómo equilibrar la búsqueda de igualdad con la libertad, una tensión que ha existido en estos movimientos desde sus albores y que se plantea bajo una nueva luz en el Antropoceno. Sobre esto, debemos repensar, en concreto, qué significa la libertad —y el estándar de vida necesario para disfrutarla— como valor central del proyecto de los derechos humanos dentro de un mundo extralimitado. Por ello, la redefinición de qué significa la libertad en este contexto es crucial, y es una reflexión que debemos hacer tanto individual como colectivamente.

De cara a afrontar esta difícil tarea, y para no paralizarnos ante la crisis ecosocial presente, necesitamos un nuevo horizonte emancipatorio que no consista simplemente en lo que el filósofo francés Pierre Charbonnier, considera «la posibilidad de gozar de una libertad absoluta e incondicionada»[1]. Nuestra libertad para viajar en avión a destinos lejanos, por optar por un determinado tipo de vivienda o forma de movernos debe ser, por tanto, cuestionada. Por ello, de nuevo según Charbonnier, el imperativo teórico y político del presente es reinventar la libertad a través del establecimiento de una relación socializadora y duradera con el mundo material[2]. Por ello, una vez establecidos los límites ambientales desde el ámbito científico, es fundamental reflexionar desde lo social sobre cómo revertir esta superación asegurando la justicia y la equidad, en particular, en su dimensión económica y en el acceso a los recursos, un proceso en el que los derechos humanos y el valor de la dignidad humana tienen, sin duda, un papel central.

Los derechos humanos son y deben ser para todo ser humano, pero su ejercicio no debería significar la destrucción del medio ambiente —que también es un derecho humano— ni de otros seres vivos. El mínimo de esos derechos debe estar garantizado a toda persona, pero no se puede olvidar que hay algunas personas que nunca han contado con ese mínimo. El mínimo de los derechos humanos a una vida digna no solo se debe ocupar del presente, sino también de la vida digna de las generaciones futuras. El mínimo de los derechos humanos a una vida digna no implica el beneficio de unas regiones del mundo y el detrimento de otras. El mínimo de los derechos humanos a una vida digna implica pensar en el nosotros, y más allá del ser humano, antes que en el yo. Los *umbrales de dignidad* son todo eso, es decir, esos mínimos que toda persona debería gozar en cualquier parte del planeta sin que ello implique continuar con su destrucción. Los *umbrales de dignidad* son un llamado a la esperanza y a la transformación y la construcción colectiva.

---

1 Charbonnier P. (traducción de L. A. Palau Castaño), «Abundancia y libertad. Una historia medioambiental de las ideas», *Ciencias Sociales y Educación*, vol. 11, núm. 22, p. 329.

2 *Ibid.*

Cód. 100

Made in the USA
Monee, IL
17 July 2026

57533414R00096